# MD 중학영숙어

3쇄 2023년 05월 18일

지은이 : 문덕 · 안태근

제작 총괄 : 창 미디어(070-8935-1879)

발행처 : 도서출판 지수

주소 : 서울시 마포구 토정로 222, 417-2호

전화 : 02-717-6010

팩스 : 02-717-6012



*책값은 뒤표지에 있습니다.

# Preface

영어 학습에서 단어와 숙어는 바늘과 실처럼 연관성이 깊습니다. 그래서 영어 단어를 아무리 많이 알고 있더라도 숙어 실력이 제대로 뒷받침되지 않으면 반쪽 짜리 영어 문장이 되는 경우가 아주 많습니다. 그런 경우에 적절한 숙어 표현을 섞어준다면 생동감있고 전달력이 풍부한 영어 문장이 완성되는 것입니다. 실제로 중학교 영어 교과서에 등장하는 문장에도 곳곳에 우리가 의식하지 못하지만 숙어가 분포되어 있답니다. 많은 영어 문장내에서 숙어는 마치 약방의 감초와 같은 핵심적인 기능을 하고 있습니다.

이러한 숙어의 중요성에도 불구하고 많은 학생들이 숙어에 대한 체계적인 학습의 기회를 갖지 못해 가장 취약한 부분으로 남아 있는 것이 현실입니다. 그래서 본서는 〈MD 중학 영단어〉 자매서의 기능과 함께 중학교 수준의 핵심 빈출 숙어 600여개를 체계적이고 효율적으로 정리하고자 노력하였습니다. 숙어는 암기의 지속성이 떨어진다는 많은 학생들의 하소연을 해결해 주고자 특별한 복습과 연습문제 시스템을 도입하였습니다. 본서의 '3단계 복습 TEST'와 누적 복습 효과를 통해 암기의 지속성을 보장해줄 '마이 리틀 TEST'까지 모두가 중학 영숙어 정복의 든든한 도우미 역할을 해 줄 것입니다.

본서를 통해 영어 숙어실력을 든든히 쌓아서 중학 영어 내신 성적 향상은 물론 향후 고등학교에 진학하여 수능영어를 준비하는 데도 커다란 도움이 되기를 희망합니다. 즐거운 숙어학습이 될 것을 기원하며 곧 서비스될 동영상 강좌를 통하여 만나 뵐 것을 약속드립니다.

2018. 8월

이 책의
**구성**

061 **turn down** ❶ ▶ ① (소리를) 줄이다 ② 거절하다

- Can you please **turn down** the music? 음악소리 좀 줄여주시겠어요?
- He asked her to marry him but she **turned down** his proposal.
  그가 그녀에게 청혼을 했는데 그녀가 거절했다.

062 **set up** ▶ 세우다, 설치[설립]하다

❷
- I turned down his proposal to **set up** a business together.
  나는 회사를 같이 차리자는 그의 제안을 거절했다.

063 **be located in[at]** ▶ ~에 위치하다, ~에 있다

- Paris **is located in** the northern part of the country. 파리는 프랑스 북부 지역에 위치해 있다.

064 **give up** ▶ 포기하다

비교 / ***give away*** 거저 주다

- Don't **give up** now. 포기하지 마!

065 **dress up** ▶ 잘 차려입다

- You do not need to **dress up** for the party. 파티를 위해 옷을 차려입을 필요는 없다.

066 **make up one's mind** ▶ 결심[결정]하다 = ***decide, resolve*** ❸

- He **made up his mind** to be nice. 친절해지기로 그는 결심했다.

067 **mess up** ▶ 지저분하게 하다, 망쳐놓다 ↔ ***clean up***

- The puppies **messed up** the room. 강아지들이 방을 지저분하게 해놓았다.

❶ 군더더기 없이 꼭 알아야할 숙어의 의미만을 설명

❷ 해당 숙어의 의미 파악에 도움이 되는 적절한 예문 제시

❸ 함께 학습하면 더욱 효과적인 비슷한 의미의 숙어와 반대 의미의 숙어 수록

4

?

A 복습하기 1단계 (한국말 예문을 읽어보며 숙어의 뜻을 떠올려보세요.)

1 **turn down** • ① 너무 시끄러워서 그런데 라디오 소리 좀 turn down 해주세요.
② 부디 이런 좋은 제안을 turn down 하지 말아줘.

2 **set up** • 그는 엔터테인먼트 회사를 set up 하려는 꿈이 있다.

B 복습하기 2단계 (숙어의 뜻을 써보세요. 뒷장을 접으면 답이 나옵니다.)

1 **turn down**

2 **set up**

3 **be located in[at]**

?

C 복습하기 3단계 (다음 중 올바른 것을 고르세요.)

| | | |
|---|---|---|
| 1 ① (소리를) 줄이다<br>② 거절하다 | □ ask for | □ turn down |
| 2 세우다, 설치하다 | □ cut down on | □ set up |

❹ 재미있으면서도 효과적인 복습을 도와 줄 장치 마련

5

## 마이 리틀 테스트 2회 (5강~8강)

1. 알맞은 우리말과 연결하세요.

| | |
|---|---|
| **mess up** • | • 돌아가시다[죽다] |
| **dress up** • | • ~처럼 보이다 |
| **give up** • | • 포기하다 |
| **pass away** • | • 지저분하게 하다 |
| **think over** • | • 잘 차려입다 |
| **look like** • | • 숙고하다 |
| **be proud of** • | • 기다리다 |
| **put together** • | • ~와 친해지다 |
| **wait for** • | • ~을 자랑스럽게 여기다 |
| **make friends with** • | • 모으다, 합치다 |

2. 다음 빈칸에 알맞은 말을 〈보기〉에서 골라 적절히 고쳐 쓰세요.

**be absorbed in / listen to / mess up / sound like / set up / be about to**

① 나는 회사를 같이 차리자는[세우자는] 그의 제안을 거절했다.
I turned down his proposal to __________ a business together.

② 강아지들이 방을 지저분하게 해놓았다.
The puppies ______________ the room.

③ 우리는 막 점심을 먹으려는 참이다.
We ______________ have lunch.

④ 마이크는 TV 보는 데 열중해있다.
Mike ______________ watching TV.

⑤ 내 남자친구는 내 말을 경청하지 않아.
My boyfriend just doesn't __________ me.

⑥ 그건 심지어 영어처럼 들리지도 않아.
That doesn't even __________ English.

3. 다음 빈칸에 알맞은 보기를 고르시오.

I wasn't ________ for school this morning.
오늘 아침 난 정시 등교를 하지 못했다.

① for a while ② on time ③ at least ④ at last

4. 다음 빈칸에 알맞은 전치사를 고르시오.

I was satisfied ________ the test results.

① with ② from ③ over ④ beside

5. 다음 빈칸에 알맞은 보기를 고르시오.

Try ________ the table the other way. 시험 삼아 한번 다른 쪽으로 테이블을 움직여봐.

① to move
② moving
③ moved
④ to moving

6. 다음 문장에서 밑줄 친 think over 의 동의어를 고르시오.

Please <u>think over</u> what I've said.

① focus on ② depend on
③ ponder on ④ rely on

68

❺ 4일 단위로 학습한 어휘를 확인해볼 수 있는, 실제 중학교 내신 시험 형태의 테스트 수록

**7. 다음 빈칸에 알맞은 보기를 고르시오.**

I enjoy _____ computer games.
나는 컴퓨터 게임하는 것을 즐긴다.

① to play ② playing
③ to have played ④ to playing

**8. 다음 문장에서 밑줄 친 to 와 바꿔 쓸 수 있는 보기를 고르시오.**

She arrived early <u>to</u> get a good seat.
그녀는 좋은 자리를 잡기 위하여 일찍 도착했다.

① even though
② in spite of
③ in front of
④ in order to

**9. 다음 빈칸에 알맞은 보기를 고르시오.**

I would like __________ a Korean play.
한국연극을 하나 보고 싶습니다.

① to see
② seeing
③ to have seen
④ to seeing

**10. 빈칸에 알맞은 전치사를 고르시오.**

When will you leave _______ the beach?
언제 해변으로 떠날거니?

① for
② from
③ of
④ with

**11. 빈칸에 알맞은 전치사를 고르시오.**

I am interested _____ hip-hop music.
나는 힙합음악에 관심이 있다.

① under ② from ③ of ④ in

**12. 다음 빈칸에 알맞은 보기를 고르시오.**

_____ , working out is required to lose weight.
무엇보다도 살빼기위해선 운동이 필요하다.

① Even if ② Even though
③ Above all ④ After all

**13. 다음 문장에서 pass out 의 의미로 알맞은 것을 고르시오.**

I am so tired and hungry. I am about to <u>pass out</u>.

① 건네주다
② 기절하다
③ 돌아가시다, 죽다
④ 처분하다, 없애다

**14. 다음 문장에서 밑줄 친 After all 의 동의어가 아닌 것을 하나 고르시오.**

<u>After all</u>, she broke up with her boyfriend.

① in the end ② at least
③ finally ④ eventually

## 이 책의 독보적 특징

❶ 중학생이라면 꼭 알아야 할 필수 숙어 600개를 자주 나오는 순서, 빈도순대로 정리하였습니다. 많이 나오는 것부터 외우니 성과가 곧 나타납니다.

❷ 같은 의미의 숙어, 반대되는 의미의 숙어, 꼭 비교하며 암기해야 할 숙어들을 잘 정리해두었고, 잊어버릴 때쯤 되면 신기하게도 다시 반복해서 등장하도록 순서를 구성해두었습니다.

❸ 영단어, 숙어를 암기할 때 누구나 중요하다고 생각하는 복습! 하지만 같은 방식으로 반복하는 복습은 지루하고 학습효과도 떨어집니다. 이 책에서는 재미있으면서 동시에 효과적인 복습 장치들을 3단계로 마련해두었습니다.

(한국 말 예문 안에 들어있는 숙어 뜻 떠올려보기 → 숙어의 올바른 의미 고르기 → 실제 중학 내신 시험 형식의 문제 )

## 권장 학습 방법

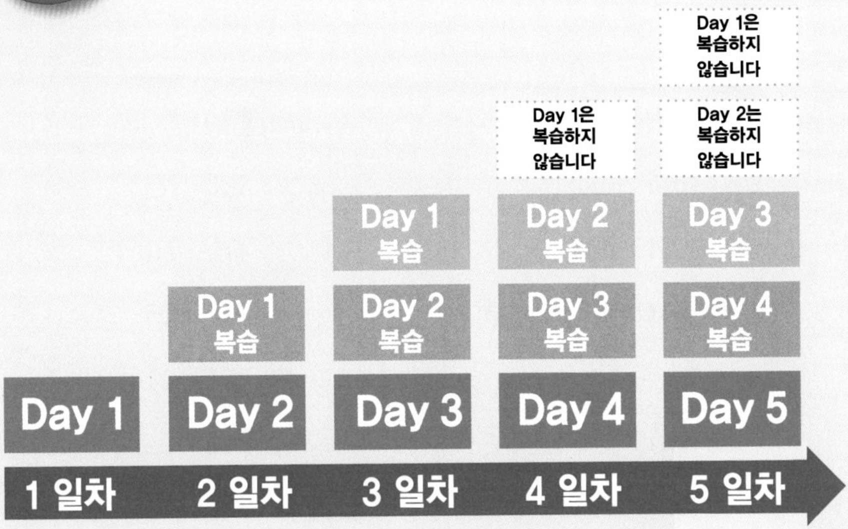


❶ 2일 분량의 학습 범위를 누적 복습할 것을 권장합니다.

단, 불안한 마음에 너무 많은 양을 복습하지는 마세요. 의욕이 앞서서 너무 많은 양을 복습 할 계획을 세우면 쉽게 지치고 포기하게 됩니다. 철저하게 암기해 나가는 것을 목표로 하지 마시고, 책 전체를 빠르게 한번 끝내고 다시 한 번 보는 것을 권장합니다.

❷ 학습한 숙어들은 되도록 1~2번씩 써보세요.

단, 너무 많이 쓰지는 마세요!
( 오히려 집중력이 떨어지고 손만 노동하게 됩니다 )

## Contents

day 1

» 001 015

001 **be good for** ▶ ~에 좋다, ~에 유익하다

- Working out **is good for** your health. 운동하는 것은 너의 건강에 좋다.

002 **be good at** ▶ ~에 능숙하다, 잘하다

- It's the only thing **I'm good at**. 그것은 유일하게 내가 잘하는 것이야.

003 **be poor at** ▶ ~에 서툴다

- I **am poor at** cooking. 난 요리를 잘못해.

004 **get along with** ▶ ~와 잘 지내다

- Do you **get along with** your brother? 너 형하고 잘 지내니?

005 **be on good terms with** ▶ ~와 잘 지내다

- I **am on good terms with** my neighbor. 나는 이웃과 좋은 사이로 지낸다.

006 **take part in** ▶ ~에 참여하다 = ***attend, participate in***

- Try to **take part in** the conversation. 대화에 참여하려고 노력하라.

007 **participate in** ▶ ~에 참여하다 = ***attend, take part in***

- Did you participate in that meeting? 그 모임에 참여했었니?

008 **take up** ▶ ① (공간·시간을) 차지하다 ② 받아들이다·시작하다

- This bed **takes up** too much space. 이 침대는 너무 많은 공간을 차지 한다.
- I'd like to **take up** your offer. 당신의 제안을 받아들이겠어요.

## 009 come out ▶ 나오다

비교 / ***come out of*** ~에서 밖으로 나오다

- The mid-term exam results will **come out** next week.
중간 고사 결과는 다음 주에 나올것이다.

## 010 look good on ▶ ~에게 잘 어울리다

- The snapback doesn't **look good on** you. 그 스냅백 모자는 그에게 어울리지 않는다.

## 011 at least ▶ 적어도

비교 / ***at last*** 마침내

- Taeguen must be **at least** 30. 태근이는 적어도 서른은 되었을 것이다.

## 012 at best ▶ 기껏해야

- I have maybe a year to live, **at best**. 나는 아마 기껏해야 1년 더 살 것이다.

## 013 instead of ▶ ~대신에

- **Instead of** complaining all the time, do something.
내내 불평만 하지 말고 뭐라도 해!

## 014 in spite of ▶ ~에도 불구하고 = *despite*

- They fell in love **in spite of** the language barrier.
그들은 언어적 장벽에도 불구하고 사랑에 빠졌다.

## 015 stand out ▶ 눈에 띄다, 두드러져 보이다

비교 / ***outstanding*** 두드러진, 뛰어난

- Maybe I **stand out** because of my yellow hair.
아마 나는 노란 머리 때문에 눈에 띄는 것 같아요.

?

## A 복습하기 1단계 (한국말 예문을 읽어보며 숙어의 뜻을 떠올려보세요.)

1 **be good for** • 물을 자주 마시는 것이 건강에 be good for 하다.

2 **be good at** • 난 중학교 때 농구부였어. 농구는 내가 가장 be good at 한 것 중에 하나야.

3 **be poor at** • 난 정말 요리에 be poor at 해서 요리학원에 다니고 싶어.

4 **get along with** • 더 이상 다투지 말고 형하고 get along with 해! 알겠지?

5 **be on good terms with** • 그는 성격이 좋아서 친구들과 be on good terms with 한다.

6 **take part in** • 너도 초대 받았지? 그녀의 생일 파티에 take part in 하기로 결정했니?

7 **participate in** • 몸이 아파도 모든 수업에 꼭 participate in 하도록 해!

8 **take up** • ① 예전 구형 티비는 많은 공간을 take up 한다.
② 함께 떠나자는 당신의 제안을 take up하겠어요.

9 **come out** • 엑소 새 앨범이 언제쯤 come out 할 까요?

10 **look good on** • 난 통통해서 스키니 바지가 look good on하지 않아. 난 힙합바지를 살 거야.

11 **at least** • 나는 at least 영어 과목만큼은 70점 넘는다.

12 **at best** • 나는 at best 수학은 70점정도 나온다.

13 **instead of** • instead of 커피, 녹차를 마실게요. 커피를 마시면 잠을 잘 못자서요.

14 **in spite of** • 그녀는 여자임에도 in spite of 하고 나보다 힘이 세.

15 **stand out** • 내성적인 성격 때문에 난 stand out 하는 걸 좋아하지 않아요.

## B 복습하기 2단계 (숙어의 뜻을 써보세요. 뒷장을 접으면 답이 나옵니다.)

1 **be good for**

2 **be good at**

3 **be poor at**

4 **get along with**

5 **be on good terms with**

6 **take part in**

7 **participate in**

8 **take up**

9 **come out**

10 **look good on**

11 **at least**

12 **at best**

13 **instead of**

14 **in spite of**

15 **stand out**

?

## C 복습하기 3단계 (다음 중 올바른 것을 고르세요.)

| | | | |
|---|---|---|---|
| 1 | ~에 좋다[유익하다] | □ be filled with | □ be good for |
| 2 | ~에 능숙하다[잘하다] | □ be good at | □ sneer at |
| 3 | ~에 서툴다 | □ take care of | □ be poor at |
| 4 | ~와 잘 지내다 | □ look down on | □ get along with |
| 5 | ~와 잘 지내다 | □ be on good terms with | □ be afraid of |
| 6 | ~에 참여하다 | □ watch out | □ take part in |
| 7 | ~에 참여하다 | □ laugh at | □ participate in |
| 8 | ① 차지하다<br>② 받아들이다 | □ take up | □ run short of |
| 9 | 나오다 | □ look into | □ come out |
| 10 | ~에게 잘 어울리다 | □ look good on | □ run short of |
| 11 | 적어도 | □ at least | □ on foot |
| 12 | 기껏해야 | □ by bus | □ at best |
| 13 | ~대신에 | □ instead of | □ dispose of |
| 14 | ~에도 불구하고 | □ in spite of | □ get rid of |
| 15 | 눈에 띄다,<br>두드러져 보이다 | □ stand out | □ look after |

day
2

» 016
030

## 016 **be filled with** ▶ ~로 가득 차다

비교 / ***fill A with B*** A를 B로 채우다

- The world **is filled with** love. 세상은 사랑으로 가득 차 있다.

## 017 **be full of** ▶ ~로 가득 차다

- The park **was full of** people. 공원은 사람으로 가득 차 있다.

## 018 **smile at** ▶ ~에게 미소 짓다

- He **smiled at** me. 그는 나에게 미소 지었다.

## 019 **laugh at** ▶ 비웃다

- Everybody **laughs at** my accent. 모두가 내 말투[사투리]를 비웃는다.

## 020 **sneer at** ▶ 비웃다

- Don't **sneer at** me! 비웃지 마!

## 021 **take care of** ▶ 돌보다 = ***look after, care for***

- He's old enough to **take care of** himself. 그는 스스로를 돌볼 만큼 나이가 들었다.

## 022 **look after** ▶ 돌보다 = ***take care of, care for***

- Please **look after** the baby while I'm away. 내가 없는 동안 아기 좀 돌봐주세요.

## 023 **look into** ▶ 조사하다 = ***inspect, investigate, examine***

- I promise I'll **look into** the matter. 내가 그 문제를 조사하겠다고 약속할게

024 **look around** ▶ (주위를) 둘러보다

- Come on in and just **look around.** 들어와서 둘러 보세요.

025 **look for** ▶ 찾다 = *seek*

- Let's **look for** something to eat. 무언가 먹을 수 있는 것을 찾아 보자.

026 **look up to** ▶ 존경하다, 우러러보다 = *respect, admire*

비교 / ***look up*** 올려다보다, 찾아보다

- I **look up to** my parents. 나는 우리 부모님을 존경한다.

027 **look down on** ▶ 깔보다, 낮추어보다

- I don't **look down on** people. 나는 사람들을 깔보지 않는다.

028 **watch out** ▶ 조심[주의]하다 = *be careful*

- **Watch out!** A cargo truck is in front of your car. 조심해요! 앞에 화물트럭이 있어요.

029 **on foot** ▶ 걸어서

- It takes only ten minutes **on foot.** 걸어서 10분 걸려요.

030 **by bus** ▶ 버스로

비교 / ***by airplane*** 비행기로, ***by subway*** 지하철로

- I go to school **by bus.** 나는 버스로 통학한다.

?

## A 복습하기 1단계 (한국말 예문을 읽어보며 숙어의 뜻을 떠올려보세요.)

1 **be filled with** • 시험을 망쳐서 지금 내 머리는 스트레스로 be filled with 하다.

2 **be full of** • 그 어항은 물고기들로 be full of 하다.

3 **smile at** • 사랑스런 그녀에게 smile at 하지 않을 수 없다.

4 **laugh at** • 처음 서울에 왔을 때 모두가 내 경상도 사투리를 laugh at했다.

5 **sneer at** • 축구공을 헛 발길질을 하자 그는 나를 sneer at 했다.

6 **take care of** • 부모님이 여행 가셔서 동생을 내가 take care of 하고 있어.

7 **look after** • 그들은 친 부모님처럼 나를 look after해주었다.

8 **look into** • 뭔가 의심스러워. 그 사건은 좀 더 자세히 look into할 필요가 있어.

9 **look around** • 점원 : 무엇을 사려고 오셨나요?
손님 : 특별히 뭘 사려고 온건 아니고요, 그냥 look around 하려고요.

10 **look for** • 핸드폰이 없어졌어. 내 핸드폰 좀 look for 해줘.

11 **look up to** • 난 이순신 장군을 look up to 한다.

12 **look down on** • 어리다고 날 look down on 하지 마세요.

13 **watch out** • Watch out! 이불 밖은 위험해!

14 **on foot** • 길 막힌 것 좀 봐! 차에서 내려 on foot 가는 게 더 빠르겠어.

15 **by bus** • 택시보다는 by bus 가는 것이 더 싸게 먹힐 것이다.

## B 복습하기 2단계 (숙어의 뜻을 써보세요. 뒷장을 접으면 답이 나옵니다.)

1 **be filled with**

2 **be full of**

3 **smile at**

4 **laugh at**

5 **sneer at**

6 **take care of**

7 **look after**

8 **look into**

9 **look around**

10 **look for**

11 **look up to**

12 **look down on**

13 **watch out**

14 **on foot**

15 **by bus**

?

## C 복습하기 3단계 (다음 중 올바른 것을 고르세요.)

| | | |
|---|---|---|
| 1 ~로 가득 차다 | □ be good for | □ be filled with |
| 2 ~로 가득 차다 | □ be full of | □ put off |
| 3 ~에게 미소 짓다 | □ be poor at | □ smile at |
| 4 비웃다 | □ get along with | □ laugh at |
| 5 비웃다 | □ participate in | □ sneer at |
| 6 돌보다 | □ take care of | □ be afraid of |
| 7 돌보다 | □ come out | □ look after |
| 8 조사하다 | □ look into | □ abide in |
| 9 (주위를) 둘러보다 | □ look good on | □ look around |
| 10 찾다 | □ look for | □ run out of |
| 11 존경하다, 우러러보다 | □ look up to | □ get rid of |
| 12 깔보다, 낮추어보다 | □ stand out | □ look down on |
| 13 조심[주의]하다 | □ watch out | □ take part in |
| 14 걸어서 | □ at least | □ on foot |
| 15 버스로 | □ by bus | □ instead of |

day
3

» 031
045

031 **steal A from B** ▶ B에게서 A를 빼앗다, 훔치다

The poor boy **stole** food **from** the supermarket. 그 가난한 소년은 슈퍼마켓에서 음식을 훔쳤다.

032 **rob A of B** ▶ A에게서 B를 빼앗다, 훔치다

주의 / ***steal*** 과는 다르게 ***rob*** 다음에는 누구로부터 어디에서 훔치는지가 나온다.

Somebody **robbed** him **of** his car. 누군가가 그의 차를 훔쳤다.

033 **get rid of** ▶ 없애다, 제거하다 = ***remove, eliminate***

It is not easy to **get rid of** a bad habit. 나쁜 습관을 버리기는 쉽지 않다.

034 **dispose of** ▶ 처분하다, 없애다

I want to **dispose of** my old car and buy a new one. 나는 오래된 차를 처분하고 새 차를 사고 싶다

035 **run out of** ▶ ~을 다 써버리다, 바닥나다 = ***use up***

I have **run out of** pocket money. 나는 용돈이 떨어졌다

035 **run short of** ▶ ~이 부족하다 = ***be short of***

We have **run short of** water. 우리는 물이 부족하다.

036 **because of** ▶ ~ 때문에 = ***due to***

I was late for work **because of** a traffic jam. 교통 체증 때문에 회사에 지각했다.

037 **die of** ▶ ~로 죽다 = ***die from***

He **died of** cancer. 그는 암으로 죽었다.

038 **be afraid of** ▶ ~을 두려워하다 = *be fearful of, be scared of*

I **am afraid of** the snake. 나는 뱀이 무서워.

039 **of itself** ▶ 저절로

A decayed tooth has come out **of itself**. 충치가 하나 저절로 빠졌다.

040 **for oneself** ▶ 혼자 힘으로, 스스로

I'm here to speak **for oneself**. 내 스스로 말하려고 왔어.

041 **beside oneself** ▶ 제정신이 아닌 = *insane, mad, crazy, lunatic*

He is really **beside oneself** with anger. 그는 화가 나서 정말로 제정신이 아니다.

042 **by oneself** ▶ 홀로

I don't want to be **by myself**. 나는 홀로 있고 싶지 않다.

043 **stop by** ▶ 잠시 들르다 = *drop by*

I'll **stop by** at your office tomorrow. 내일 너의 사무실에 잠깐 들를게.

044 **abide in** ▶ ~에 살다, 거주하다

주의 / ***abide by*** ~을 따르다, 지키다

We **abide in** Seoul. 우리는 서울에 살고 있다.

?

## A 복습하기 1단계 (한국말 예문을 읽어보며 숙어의 뜻을 떠올려보세요.)

1 **steal A from B** • 그 가난한 소년은 [ steal 음식 from 슈퍼마켓 ] 하려고 했다.

2 **rob A of B** • 누군가가 [ rob 태근 of 그의 차 ] 하려고 했다.

3 **get rid of** • 이사 가기 전에 필요 없는 물건들은 모두 get rid of 하도록 해.

4 **dispose of** • 파티가 끝나면 쓰레기를 모두 dispose of 해주세요.

5 **run out of** • 다음 월급날이 아직 멀었는데 벌써 돈을 run out of 해버렸다.

6 **run short of** • 항상 시험 칠 때는 시간이 run short of 하다.

7 **because of** • 회사에 지각했다 because of 교통 체증.

8 **die of** • 아직도 많은 사람들이 [ die of 굶주림 ] 한다.

9 **be afraid of** • 그는 큰 개를 be afraid of 해서 도망갔다.

10 **of itself** • 나는 가만히 있었는데 촛불이 of itself 꺼졌다.

11 **for oneself** • 나는 모든 곡들을 for oneself 만든다.

12 **beside oneself** • 실수로 새로 산 핸드폰 액정이 깨지면 누구나 beside oneself 이게 된다.

13 **by oneself** • 난 더 이상 by oneself 밥 먹고 싶지 않아.

14 **stop by** • 출근하는 길에 너희 집에 stop by 할게.

15 **abide in** • 어린 시절 나의 아버지는 인천에 abide in 하셨다고 한다.

## B 복습하기 2단계 (숙어의 뜻을 써보세요. 뒷장을 접으면 답이 나옵니다.)

1 **steal A from B**

2 **rob A of B**

3 **get rid of**

4 **dispose of**

5 **run out of**

6 **run short of**

7 **because of**

8 **die of**

9 **be afraid of**

10 **of itself**

11 **for oneself**

12 **beside oneself**

13 **by oneself**

14 **stop by**

15 **abide in**

## C 복습하기 3단계 (다음 중 올바른 것을 고르세요.)

| | | | |
|---|---|---|---|
| 1 | B에게서 A를 빼앗다 | □ steal A from B | □ provide A with B |
| 2 | A에게서 B를 빼앗다 | □ rob A of B | □ supply A with B |
| 3 | 없애다, 제거하다 | □ take care of | □ get rid of |
| 4 | 처분하다, 없애다 | □ be full of | □ dispose of |
| 5 | ~을 다 써버리다, 바닥나다 | □ run out of | □ run short of |
| 6 | ~이 부족하다 | □ run out of | □ run short of |
| 7 | ~ 때문에 | □ instead of | □ because of |
| 8 | ~로 죽다 | □ take part in | □ die of |
| 9 | ~을 두려워하다 | □ be afraid of | □ look good on |
| 10 | 저절로 | □ by oneself | □ of itself |
| 11 | 혼자 힘으로, 스스로 | □ for oneself | □ get along with |
| 12 | 제정신이 아닌 | □ in spite of | □ beside oneself |
| 13 | 홀로 | □ by oneself | □ at least |
| 14 | 잠시 들르다 | □ stop by | □ stand out |
| 15 | ~에 살다, 거주하다 | □ watch out | □ abide in |

day
4

» 046

060

046 **ask for** ▶ 요구[요청]하다 = ***require***

- He **asked for** advice from his teacher. 그는 그의 선생님에게 조언을 요청했다.

047 **cut down on** ▶ ~을 줄이다

비교 / ***cut down*** (나무를) 베어 넘어뜨리다

- You should **cut down on** the amount of coffee you drink.
너는 커피 마시는 걸 줄여야 한다.

048 **put out** ▶ (불을) 끄다 = ***extinguish***

- Firemen arrived to **put out** a fire. 소방관들이 불을 끄기 위해 도착했다.

049 **put off** ▶ 미루다[연기하다] = ***delay, defer, postpone***

- I was relieved that the test was **put off**. 나는 시험이 미루어져 안심했다.

050 **cut off** ▶ 잘라내다, 끊다

- The electricity was **cut off** for two hours. 전기 공급이 2시간 동안 끊겼다.

051 **give off** ▶ 내뿜다, 방출하다 = ***emit***

- This flower must **give off** a lovely smell. 이 꽃은 좋은 향기를 낼 것이다.

052 **be known as** ▶ ~로서 알려지다

주의 / 이때 ***as***는 자격(~로서)을 나타냄

- San E **is known as** a rapper. 산이는 랩퍼로 알려져 있다.

053 **be known to** ▶ ~에게 알려지다

주의 / 이때 ***to***는 대상(~에게)을 나타냄

- The fact that Kang Dong-won is handsome **is known to** everybody.
강동원이 잘생겼다는 사실은 모두에게 알려져 있다..

054 **be known for** ▶ ~ 때문에 유명하다

주의 / 이때 ***for***는 이유(때문에)를 나타냄

- Jeju Island **is known for** a lovely view. 제주도는 아름다운 경치 때문에 유명하다.

055 **show up** ▶ 나타나다 = ***appear, turn up***

- I'm sure he'll **show up**. 난 그가 나타날 거라고 확신해.

056 **turn up** ▶ 나타나다 = ***appear, show up***, (소리, 온도 등을) 높이다

- How many people will **turn up** at the party? 파티에 몇 명 올까요?

057 **give a hand** ▶ 도움을 주다 = ***assist, help, support***

비교 / ***give a big hand*** 박수갈채를 보내다

- You should **give a hand** to your mother. 너는 엄마를 도와줘야 한다.

058 **give a big hand** ▶ 박수갈채를 보내다

비교 / ***give a hand*** 도와주다

- They **gave a big hand** to the singer. 그들은 그 가수에게 박수를 보냈다.

059 **be similar to** ▶ ~와 비슷하다

- His hobby **is similar to** me. 그의 취미는 나와 비슷하다.

060 **be different from** ▶ ~와 다르다

- She **is different from** other people. 그녀는 다른 사람들과 다르다.

?

## A 복습하기 1단계 (한국말 예문을 읽어보며 숙어의 뜻을 떠올려보세요.)

1 **ask for** • 두려움에 찬 그녀의 눈을 보았을 때, 난 그녀가 도움을 **ask for** 하고 있다는 것을 알아차렸습니다.

2 **cut down on** • 살을 빼기 위해 기름진 음식과 초콜릿을 **cut down on** 했다.

3 **put out** • 마을 사람들 모두가 불을 **put out** 하기 위해 나섰다.

4 **put off** • 오늘 할 일을 내일로 **put off** 하지 마라.

5 **cut off** • 간밤에 폭풍으로 전기 공급이 **cut off** 되었다.

6 **give off** • 나무는 산소를 **give off** 한다.

7 **be known as** • 안태근은 영어강사로 **be known as** 하다.

8 **be known to** • 김범수는 노래를 잘한다고 대중들에게 **be known to** 하다.

9 **be known for** • 전주는 [ **be known for** 비빔밥 ] 하다.

10 **show up** • 약속시간이 지났지만 아무도 **show up**하지 않았다.

11 **turn up** • 3시가 넘어서야 그가 **turn up** 했다.

12 **give a hand** • 나 내일 이사하는데 네가 **give a hand** 할 수 있어?

13 **give a big hand** • 좋은 공연을 보여준 댄서 분들께 **give a big hand**해주세요.

14 **be similar to** • 그의 성격은 내 성격과 **be similar to** 하다.

15 **be different from** • 그의 의견은 내 의견과 **be different from** 하다.

## B 복습하기 2단계 (숙어의 뜻을 써보세요. 뒷장을 접으면 답이 나옵니다.)

1 **ask for**

2 **cut down on**

3 **put out**

4 **put off**

5 **cut off**

6 **give off**

7 **be known as**

8 **be known to**

9 **be known for**

10 **show up**

11 **turn up**

12 **give a hand**

13 **give a big hand**

14 **be similar to**

15 **be different from**

## C 복습하기 3단계 (다음 중 올바른 것을 고르세요.)

| | | | |
|---|---|---|---|
| 1 | 요구[요청]하다 | □ dispose of | □ ask for |
| 2 | ~을 줄이다 | □ cut down on | □ abide in |
| 3 | (불을) 끄다 | □ put out | □ put off |
| 4 | 미루다[연기하다] | □ put out | □ put off |
| 5 | 잘라내다, 끊다 | □ give off | □ cut off |
| 6 | 내뿜다, 방출하다 | □ give off | □ cut off |
| 7 | ~로서 알려지다 | □ be known to | □ be known as |
| 8 | ~에게 알려지다 | □ be known for | □ be known to |
| 9 | ~ 때문에 유명하다 | □ be known for | □ be known as |
| 10 | 나타나다 | □ stop by | □ show up |
| 11 | 나타나다, 높이다 | □ turn up | □ die of |
| 12 | 도움을 주다 | □ give a hand | □ run short of |
| 13 | 박수갈채를 보내다 | □ get rid of | □ give a big hand |
| 14 | ~와 비슷하다 | □ get along with | □ be similar to |
| 15 | ~와 다르다 | □ be different from | □ take care of |

# 마이 리틀 테스트

## 1회 (1 ~4 day)

# 마이 리틀 테스트 1회 (1 ~4 day)

1. 알맞은 우리말과 연결하세요.

| | |
|---|---|
| be good at • | • ~와 잘 지내다 |
| be poor at • | • 눈에 띄다 |
| get along with • | • ~에 능숙하다 |
| take part in • | • ~에 서툴다 |
| look good on • | • ~에게 잘 어울리다 |
| stand out • | • 돌보다 |
| look after • | • ~에 참여하다 |
| look into • | • 조사하다 |
| get rid of • | • 도움을 주다 |
| give a hand • | • 없애다, 제거하다 |

2. 다음 빈칸에 알맞은 말을 〈보기〉에서 골라 적절히 고쳐 쓰세요.

take care of / get along with / look down on / look up to / be afraid of / ask for

① 나는 사람들을 깔보지 않는다.

I don't _______________ people.

② 너 형하고 잘 지내니?

Do you _______________ your brother?

③ 그는 스스로를 돌볼 만큼 나이가 들었다.

He's old enough to _______________himself.

④ 나는 우리 부모님을 존경한다.

I _______________ my parents.

⑤ 그는 그의 선생님에게 조언을 요청했다.

He _______________ advice from his teacher.

⑥ 나는 뱀이 무서워.

I _______________ the snake.

3. 다음 빈칸에 알맞은 보기를 고르시오.

It takes about ten minutes _____ _________.

걸어서 10분 정도 걸립니다.

① in the foot ② by a foot
③ on foot ④ by subway

4. 다음 문장에서 take up의 의미로 알맞은 것을 고르시오.

You need a nice hobby, why don't you <u>take up</u> tennis lesson?

① (공간, 시간을) 차지하다 ② 시작하다
③ 끝내다, 완수하다 ④ 처분하다, 없애다

5. 다음 문장에서 take up의 의미로 알맞은 것을 고르시오.

This bed <u>takes up</u> too much space.

① (공간, 시간을) 차지하다 ② 시작하다
③ 끝내다, 완수하다 ④ 처분하다, 없애다

6. 빈칸에 알맞은 전치사를 고르시오.

He robbed the company ____ $10 million.

① to ② from ③ of ④ with

7. 빈칸에 알맞은 전치사를 고르시오.

I'll stop ____ this evening for a chat.
오늘 저녁에 얘기 나누러 잠시 들를게.

① to ② from ③ by ④ with

8. 빈칸에 알맞은 전치사를 고르시오.

Your ideas are similar _____ mine.
His ideas are different ______ mine.

① with – in ② from – to
③ without – of ④ to – from

9. 다음 문장에서 밑줄 친 look after 의 동의어를 고르시오.

Who's going to look after the children while you're away?

① leave for
② take advantage of
③ take care of
④ look into

10. 다음 문장에서 밑줄 친 show up의 동의어를 고르시오.

Maybe she'll surprise us today and show up on time.

① occupy
② appear
③ vanish
④ banish

11. 다음 빈칸에 알맞은 보기를 고르시오.

I promise I'll ______ the matter.
내가 그 문제를 조사하겠다고 약속할게

① look around
② look up to
③ look into
④ look after

12. 다음 빈칸에 알맞은 보기를 고르시오.

Come on in and just ________ .
들어와서 둘러보세요.

① look around
② look up to
③ look into
④ look after

13. 다음 빈칸에 알맞은 보기를 고르시오.

A decayed tooth has come out _________ .
충치가 하나 저절로 빠졌다.

① of itself
② for oneself
③ beside oneself
④ by oneself

14. 다음 문장에서 밑줄 친 beside himself의 동의어가 아닌 것을 하나 고르시오.

He is really beside himself with anger.

① lunatic ② crazy ③ mad ④ sane

day
5

» 061
075

061 **turn down** ▶ ① (소리를) 줄이다 ② 거절하다

- Can you please **turn down** the music? 음악소리 좀 줄여주시겠어요?
- He asked her to marry him but she **turned down** his proposal. 그가 그녀에게 청혼을 했는데 그녀가 거절했다.

062 **set up** ▶ 세우다, 설치[설립]하다

- I turned down his proposal to **set up** a business together. 나는 회사를 같이 차리자는 그의 제안을 거절했다.

063 **be located in[at]** ▶ ~에 위치하다, ~에 있다

- Paris **is located in** the northern part of the country. 파리는 프랑스 북부 지역에 위치해 있다.

064 **give up** ▶ 포기하다

비교 / ***give away*** 거져 주다

- Don't **give up** now. 포기하지 마!

065 **dress up** ▶ 잘 차려입다

- You do not need to **dress up** for the party. 파티를 위해 옷을 차려입을 필요는 없다.

066 **make up one's mind** ▶ 결심[결정]하다 = ***decide, resolve***

- He **made up his mind** to be nice. 친절해지기로 그는 결심했다.

067 **mess up** ▶ 지저분하게 하다, 망쳐놓다 ↔ ***clean up***

- The puppies **messed up** the room. 강아지들이 방을 지저분하게 해놓았다.

## 068 **do up**

▶ ① (단추, 자크를) 잠그다, 채우다 ② 포장하다, 싸다 ③ (건물을) 수리하다, 꾸미다

- He **did up** the buttons. 그는 단추를 채웠다.
- **Do up** her birthday present before she comes. 그녀가 오기 전에 생일 선물을 포장해 둬.



## 069 **make sense**

▶ 이치에 맞다, 말이 되다

- It doesn't **make sense**! 이건 말도 안 돼!

## 070 **on time**

▶ (시간을 어기지 않고) 정각에

- The train will arrive **on time**. 기차는 정각에 도착할 것이다.

## 071 **in time**

▶ 늦지 않게

- Hurry up, and you will be **in time**. 서둘러라, 그러면 늦지 않게[제시간에] 도착할 것이다.

## 072 **grow up**

▶ 성장하다[자라다], 철들다

- I **grew up** in Gyeongsang Province. 나는 경상도에서 자랐다.

## 073 **after all**

▶ 결국에는 = *in the end, at last, finally, eventually*

- **After all**, she broke up with her boyfriend. 결국 그녀는 남자친구와 헤어졌다.

## 074 **above all**

▶ 무엇보다도 = *most of all*

- **Above all**, working out is required to lose weight.
  무엇보다도 살빼기위해선 운동이 필요하다.

## 075 **leave for**

▶ ~을 향해 떠나다[출발하다] = *start for*

비교 / ***leave A for B*** A를 떠나 B로 향하다

- When will you **leave for** the beach? 언제 해변으로 떠날거니?

?

## A 복습하기 1단계 (한국말 예문을 읽어보며 숙어의 뜻을 떠올려보세요.)

1 **turn down** • ① 너무 시끄러워서 그런데 라디오 소리 좀 turn down 해주세요.
② 부디 이런 좋은 제안을 turn down 하지 말아줘.

2 **set up** • 그는 엔터테인먼트 회사를 set up 하려는 꿈이 있다.

3 **be located in[at]** • 뉴욕은 미국의 북동부에 be located in 한다.

4 **give up** • 아직 give up 하지 마! 넌 분명히 할 수 있어.

5 **dress up** • dress up 한걸 보니 멋진 곳에 가나보구나.

6 **make up one's mind** • 그는 앞으로 절대 지각하지 않겠다고 make up his mind 했다.

7 **mess up** • 제가 일을 다 mess up 해버렸다면 사과드립니다.

8 **do up** • ① 손이 안 닿아서 그런데 등 뒤에 단추 좀 do up해줘.
② 선물할거라서 이건 do up 해주세요.

9 **make sense** • 이런 음식이 맛있다니 make sense 하지 않아.

10 **on time** • 매일 아침 회사에 on time 도착해야 함을 명심해.

11 **in time** • In time에 대피해서 다행이야. 조금만 늦었어도 큰일 날 뻔했어.

12 **grow up** • 아직도 부모님 속을 썩이다니 넌 grow up 해야 해.

13 **after all** • After all, 모두 그의 말대로 되었다.

14 **above all** • 돈, 명예 , 좋은 집, 빠른 차도 좋지만 above all건강이 중요하다.

15 **leave for** • 나는 업무차 해외로 leave for 한다.

## B 복습하기 2단계 (숙어의 뜻을 써보세요. 뒷장을 접으면 답이 나옵니다.)

1 **turn down**

2 **set up**

3 **be located in[at]**

4 **give up**

5 **dress up**

6 **make up one's mind**

7 **mess up**

8 **do up**

9 **make sense**

10 **on time**

11 **in time**

12 **grow up**

13 **after all**

14 **above all**

15 **leave for**

?

## C 복습하기 3단계 (다음 중 올바른 것을 고르세요.)

| | | | |
|---|---|---|---|
| 1 | ① (소리를) 줄이다<br>② 거절하다 | □ ask for | □ turn down |
| 2 | 세우다, 설치하다 | □ cut down on | □ set up |
| 3 | ~에 위치하다, ~에 있다 | □ be known for | □ be located in[at] |
| 4 | 포기하다 | □ give up | □ show up |
| 5 | 잘 차려입다 | □ dress up | □ put out |
| 6 | 결심[결정]하다 | □ succeed in | □ make up one's mind |
| 7 | 망쳐놓다 | □ mess up | □ give a hand |
| 8 | ① 잠그다, 채우다<br>② 포장하다, 싸다 | □ settle in | □ do up |
| 9 | 이치에 맞다, 말이 되다 | □ make sense | □ be similar to |
| 10 | 정각에 | □ for sure | □ on time |
| 11 | 늦지 않게 | □ in time | □ cheer up |
| 12 | 성장하다, 철들다 | □ grow up | □ take advantage of |
| 13 | 결국에는 | □ above all | □ after all |
| 14 | 무엇보다도 | □ before long | □ above all |
| 15 | ~을 향해 떠나다 | □ give off | □ leave for |

day 6

» 076

090

076 **be satisfied with** ▶ ~에 만족하다

- I **am satisfied with** my new car. 난 새로 산 차에 만족한다.

077 **share A with B** ▶ A를 B와 공유하다

- I **shared** a room **with** him in high school. 나는 고등학교 때 그와 방을 같이 썼다..

078 **be based on** ▶ ~에 바탕[기반]을 두다

- The movie **is based on** a famous cartoon. 그 영화는 유명한 만화에 기반을 두고 있다.

079 **be about to V** ▶ 막 ~ 하려고 하다

- We **are about to** have lunch. 우리는 막 점심을 먹으려는 참이다.

080 **pass out** ▶ ① 기절하다 ② 건네주다

- I am so hungry. I am about to **pass out**. 나는 배가 너무 고파요. 기절하기 직전이에요..

081 **pass away** ▶ 돌아가시다[죽다] = ***die, decease***

- Did your mother **pass away** last night? 지난밤에 네 어머니가 돌아가셨니?

082 **thanks to** ▶ ~ 덕분에, ~ 때문에 = ***because of, due to***

- I met a lot of nice people, **thanks to** you. 네 덕분에 좋은 사람들을 많이 만났어요.

083 **be covered with** ▶ ~로 덮여 있다

- The road **is covered with** snow. 그 도로는 눈으로 덮여졌다.

## 084 **make a noise** ▶ 소리를 내다, 떠들다

▪ Don't **make a noise** when eating soup. 수프를 먹을때 소리를 내지 마라.

## 085 **The 비교급~, the 비교급...** ▶ ~할수록 더... 하다

▪ **The harder** you study English, **the better** you can speak English.
더 열심히 영어 공부할수록, 더 영어로 잘 말할 수 있다.



## 086 **be related to N** ▶ ① ~와 관계가 있다 ② ~와 친척간이다

▪ The growth of plants **is related to** the weather. 식물의 성장은 날씨와 관계가 있다.
▪ Mike **is** closely **related to** Jane. 마이크는 제인의 가까운 친척이다.

## 087 **have something to do with** ▶ ~와 관계가 있다

▪ Do you **have something to do with** this crime? 너 이 범죄와 관계가 있니?

## 088 **have nothing to do with** ▶ ~와 관계가 없다

▪ I **have nothing to do with** the crime. 나는 그 범죄와 아무런 관계도 없다.

## 089 **a lot of** ▶ 많은

주의 / ***a lot of*** 는 셀 수 있는 명사와 셀 수 없는 명사 모두 앞에 위치할 수 있습니다.

▪ There is **a lot of** information on the Internet. 인터넷에는 많은 정보가 있다.

## 090 **a little** ▶ 조금(의), 소량(의)

주의 / ***a few*** 는 셀 수 있는 명사와 쓰이는 반면 ***a little*** 은 셀 수 없는 명사와 쓰입니다.

▪ If the sauce is too thick, add **a little** water. 소스가 너무 걸쭉하다면 소량의 물을 넣으세요.

?

## A 복습하기 1단계 (한국말 예문을 읽어보며 숙어의 뜻을 떠올려보세요.)

1 **be satisfied with** • 난 현재 내 직업에 be satisfied with 한다.

2 **share A with B** • 널 믿지 못하는 건 아지만 share my secret with you 하고 싶진 않아.

3 **be based on** • 이 이야기는 소설이지만 사실에 be based on 하고 있다.

4 **be about to V** • 나도 네게 똑같은 걸 be about to ask 였어.

5 **pass out** • 너무 충격을 받아서 그는 pass out 했다.

6 **pass away** • 누구도 그가 그렇게 젊은 나이에 pass away 할 줄은 몰랐다.

7 **thanks to** • Thanks to 그의 발명, 우리는 좀 더 나은 생활을 하고 있다.

8 **be covered with** • 오랫동안 세차를 안 해서 그 차는 먼지로 be covered with 하다.

9 **make a noise** • Make a noise 하지 마시고, 제 얘기를 들어주세요.

10 **The 비교급, the 비교급** • The more 내가 그를 알게 될수록, the more 그를 좋아하게 된다.

11 **be related to N** • ① 폐암은 담배와 be related to 하다.
• ② 그녀는 나와 be related to 하다.

12 **have something to do with** • 이 사건은 분명 그 여자와 have something to do with 하다.

13 **have nothing to do with** • 난 그녀와 have nothing to do with 해. 심지어 그녀와 대화한 적도 없어.

14 **a lot of** • 동물원에는 a lot of 동물들이 있다.

15 **a little** • 어머니. 친구 생일 선물을 사기 위해 a little money 가 필요해요. 용돈 좀 주세요.

B 복습하기 2단계 (숙어의 뜻을 써보세요. 뒷장을 접으면 답이 나옵니다.)

1 **be satisfied with**

2 **share A with B**

3 **be based on**

4 **be about to V**

5 **pass out**

6 **pass away**

7 **thanks to**

8 **be covered with**

9 **make a noise**

10 **The 비교급 , the 비교급**

11 **be related to N**

12 **have something to do with**

13 **have nothing to do with**

14 **a lot of**

15 **a little**

## C 복습하기 3단계 (다음 중 올바른 것을 고르세요.)

| | | | |
|---|---|---|---|
| 1 | ~에 만족하다 | □ be satisfied with | □ be known as |
| 2 | A를 B와 공유하다 | □ steal A from B | □ share A with B |
| 3 | ~에 바탕[기반]을 두다 | □ dispose of | □ be based on |
| 4 | 막 ~ 하려고 하다 | □ be about to V | □ turn down |
| 5 | ① 기절하다 ② 건네주다 | □ pass out | □ pass away |
| 6 | 돌아가시다 | □ because of | □ pass away |
| 7 | ~덕분에, 때문에 | □ above all | □ thanks to |
| 8 | ~로 덮여 있다 | □ be covered with | □ cut down on |
| 9 | 소리를 내다, 떠들다 | □ make a noise | □ make sense |
| 10 | ~ 할수록 더... 하다 | □ be different from | □ The 비교급, the 비교급 |
| 11 | ① ~와 관계가 있다<br>② ~와 친척간이다 | □ be afraid of | □ be related to N |
| 12 | ~와 관계가 있다 | □ have nothing to do with | □ have something to do with |
| 13 | ~와 관계가 없다 | □ have nothing to do with | □ have something to do with |
| 14 | 많은 | □ by oneself | □ a lot of |
| 15 | 조금(의), 소량(의) | □ a little | □ of itself |

day
7

» 091
105

### 091 **be interested in** ▶ ~에 관심이 있다

■ I **am interested in** hip-hop music. 나는 힙합음악에 관심이 있다.

### 092 **be absorbed in** ▶ ~에 열중해있다

■ Mike **is absorbed in** watching TV. 마이크는 TV 보는 데 정신이 팔려 있다[열중해있다]

### 093 **think about[of]** ▶ ~에 대해 생각하다

■ I don't really **think about** the past much. 난 과거에 대해 많이 생각하지 않아요.

### 094 **think over** ▶ 숙고하다, 곰곰이 생각하다 = ***contemplate, ponder on***

■ **Think over** what I told you. 내가 한 말을 곰곰이 생각해봐.

### 095 **enjoy ~ing** ▶ ~하는 것을 즐기다

■ I **enjoy** play**ing** computer games. 나는 컴퓨터 게임하는 것을 즐긴다.

### 096 **listen to** ▶ ~에 귀를 기울이다, 경청하다

비교 / ***hear*** 는 별도의 노력이나 집중 없이 들리는 소리를 듣는 것을 의미합니다.

■ My boyfriend just doesn't **listen to** me. 내 남자친구는 도무지 내 말에 귀를 기울이지 않아.

### 097 **try to** ▶ ~ 하려고 노력하다

■ I'll **try to** handle the problem by yourself. 혼자서 문제를 처리하려고 노력할거야.

### 098 **try ~ing** ▶ (시험 삼아) ~해보다, 시도하다

■ **Try** mov**ing** the table the other way. 다른 쪽으로 테이블을 움직여봐.

day 7

### 099 **in order to**

▶ ~하기 위하여(목적)

- She arrived early **in order to** get a good seat. 그녀는 좋은 자리를 잡기 위하여 일찍 도착했다.

### 100 **would like[love] to V**

▶ ~하고 싶다 = *want to V*

- I **would like to** see a Korean play. 한국연극을 하나 보고 싶습니다.

### 101 **go to bed**

▶ 잠자리에 들다

- Boys, it's time to **go to bed**. 얘들아, 잘 시간이야.

### 102 **get up**

▶ 일어나다

주의 / 육체적으로 몸이 일어 나는 것을 의미한다.

- He always **gets up** early. 그는 항상 일찍 일어난다.

### 103 **wake up**

▶ 깨어나다, 깨다, 깨우다

주의 / 의식이 깨는 것을 의미한다. [① ***wake up*** ⇨ ② ***get up***]

- I **wake up** at 6 but don't get up until 6:30. 난 6시에 깨어나지만 6시 30분까지는 일어나지 않는다.

### 104 **look like**

▶ ~처럼 보이다 = *seem like, appear*

- Tiger babies **look like** cats. 호랑이 새끼는 고양이처럼 보인다.

### 105 **sound like**

▶ ~처럼 들리다,~ 인 것 같다

- That doesn't even **sound like** English. 그건 심지어 영어처럼 들리지도 않아.

?

## A 복습하기 1단계 (한국말 예문을 읽어보며 숙어의 뜻을 떠올려보세요.)

1 **be interested in** • 나는 다른 사람을 돕는데 be interested in 해. 이번 주말에도 봉사활동을 갈 거야.

2 **be absorbed in** • 나는 요즘 드라마 도깨비에 be absorbed in 해 있다.

3 **think about[of]** • 흡연을 하는 부모들은 think about their kids' health 해야 해요.

4 **think over** • 결정하기 전에 생각 좀 더 think over 해볼게요.

5 **enjoy ~ing** • 바쁘지 않을 때는 주로 enjoy watching TV 한다.

6 **listen to** • 다른 생각에 사로잡혀 선생님의 말에 listen to 하지 못했다.

7 **try to** • Try to sleep. 넌 좀 쉬어야해.

8 **try ~ing** • 태근: 문이 열리지 않는데 어쩌지? 지영: 열쇠를 반대쪽으로 try turning 해봐.

9 **in order to** • 몇몇 학생들은 in order to study 늦게까지 깨어있다.

10 **would like[love] to V** • 나는 당신을 좀 더 would like to know 해요.

11 **go to bed** • 드라마를 보고 나니 go to bed 할 시간이 되어 TV를 껐다.

12 **get up** • 그는 아침을 먹기 위해 억지로 get up 했다.

13 **wake up** • 시끄러운 알람에 wake up 할 수밖에 없었다.

14 **look like** • 신기하게도 이 구름은 look like a dragon 해.

15 **sound like** • 뭐라고 하는지 모르겠어. 그의 말은 심지어 sound like Korean 하지 않아.

## B 복습하기 2단계 (숙어의 뜻을 써보세요. 뒷장을 접으면 답이 나옵니다.)

1 **be interested in**

2 **be absorbed in**

3 **think about[of]**

4 **think over**

5 **enjoy ~ing**

6 **listen to**

7 **try to**

8 **try ~ing**

9 **in order to**

10 **would like[love] to V**

11 **go to bed**

12 **get up**

13 **wake up**

14 **look like**

15 **sound like**

?

## C 복습하기 3단계 (다음 중 올바른 것을 고르세요.)

| | | | |
|---|---|---|---|
| 1 | ~에 관심이 있다 | □ get rid of | □ be interested in |
| 2 | ~에 열중해있다 | □ be absorbed in | □ be different from |
| 3 | ~에 대해 생각하다 | □ be covered with | □ think about[of] |
| 4 | 곰곰이 생각하다 | □ think over | □ make a noise |
| 5 | ~하는 것을 즐기다 | □ be satisfied with | □ enjoy ~ing |
| 6 | ~에 귀를 기울이다 | □ listen to | □ put out |
| 7 | ~하려고 노력하다 | □ give off | □ try to |
| 8 | (시험 삼아) ~해보다 | □ try ~ing | □ set up |
| 9 | ~하기 위하여 | □ in order to | □ after all |
| 10 | ~하고 싶다 | □ be based on | □ would like to V |
| 11 | 잠자리에 들다 | □ go to bed | □ leave for |
| 12 | 일어나다 | □ get up | □ mess up |
| 13 | 깨어나다, 깨다, 깨우다 | □ pass away | □ wake up |
| 14 | ~처럼 보이다 | □ look like | □ be about to V |
| 15 | ~처럼 들리다, ~인 것 같다 | □ make sense | □ sound like |

day
8

» 106
120

## 106 be proud of
▶ ~을 자랑스럽게 여기다

- **I'm** really **proud of** my son. 나는 내 아들이 정말 자랑스럽다.

## 107 of course
▶ 물론

- **Of course** I need a little pocket money. 물론 나는 약간의 용돈이 필요해

## 108 one day
▶ (과거 또는 미래의) 어느 날

- **One day**, there was an accident. 어느 날 사고가 있었다.

## 109 some day[someday]
▶ (미래의) 언젠가, 훗날

- I will be a famous rapper **some day**. 언젠가 나는 유명한 랩퍼가 될거야.

## 110 wait for
▶ 기다리다

- I don't want to **wait for** him. 나는 그를 기다리고 싶지 않아.

## 111 come from
▶ ~출신이다 = ***be from***, ~에서 나오다[생산되다]

- I **come from** Gyeongsang Province. 나는 경상도 출신이다.
- Much of our butter **comes from** New Zealand. 저희 버터는 많은 부분이 뉴질랜드에서 생산됩니다.

## 112 go V~ing
▶ ~ 하러 가다

- I will **go shopping** with my mom. 나는 엄마랑 같이 쇼핑하러 갈 거야.

## 113 make friends with
▶ ~와 친해지다, 사귀다

- I asked her to dinner to **make friends with** her.
  나는 그녀와 친해지기 위해 그녀를 저녁식사에 초대했다.

## 114 take A to B

▶ A를 B로 가져가다[데려가다]

- He **took** his children **to** the zoo. 그는 아이들을 동물원에 데리고 갔다.

## 115 thank A for B

▶ A에게 B에 대해 감사하다

비교 / ***appreciate***는 ***thank*** 와 다르게 고마워하는 대상이 사람이 아니라, 사람의 행동입니다.

- **Thank** you **for** coming here. 여기까지 와 주셔서 감사합니다.

day 8

## 116 be able to V

▶ ~ 할 수 있다 = ***can***

- I **am able to** cook kimchi stew. 난 김치찌개를 끓일 수 있다.

## 117 by the way

▶ 그런데, 그건 그렇고

주의 / ***by the way***는 화제를 바꿀 때 쓰는 말입니다.

- **By the way**, I can't find my cell phone. 그런데 내 핸드폰을 못 찾겠어.

## 118 put together

▶ 모으다, 합치다, 조립하다 = ***gather, assemble*** ↔ ***take... apart***

- I took the machine apart and **put** it **together** again. 기계를 분해했다가 다시 조립하다.

## 119 too ~ to V

▶ 너무 ~해서 ~ 할 수 없다

- This is **too** complicated **to** put together. 이건 너무 복잡해서 조립을 못하겠어요.

## 120 in front of

▶ ~의 앞에 ↔ ***in the back of, behind***

- People are crowded **in front of** the square. 광장 앞에 사람들이 몰려있다.

?

## A 복습하기 1단계 (한국말 예문을 읽어보며 숙어의 뜻을 떠올려보세요.)

1 **be proud of** • 난 착한 일을 한 내 아들이 be proud of 하다.

2 **of course** • 나는 거의 매일 농구연습을 한다. Of course 내일도 농구하러 갈 거다.

3 **one day** • One day, 그는 내 곁을 떠나 버렸고 난 다시 혼자가 되었다.

4 **some day[someday]** • Some day, 배낭여행으로 세계를 일주할거야.

5 **wait for** • 화장실간 그를 1시간이나 wait for했어. 아마 그는 변비인가 봐.

6 **come from** • 나는 come form 경상도. 그래서 경상도 사투리가 더 편해요.

7 **go V~ing** • 그는 아들과 함께 go fishing 할 생각에 들떠 있었다.

8 **make friends with** • 내성적인 그녀는 새로운 이들과 make friends with 하는 것을 힘들어 한다.

9 **take A to B** • 그는 100일 기념일에 take me to a fancy restaurant 했다.

10 **thank A for B** • Thank you for 나를 집까지 바래다 준 것.

11 **be able to V** • 나는 바닷가에서 자라서 수영을 be able to 다.

12 **by the way** • 정말 오랜만이다. By the way, 너 지금은 어디 살아?

13 **put together** • 이 컴퓨터는 내가 직접 put together 한 것이라 더 애착이 간다.

14 **too ~ to V** • 도와달라고 부탁했지만, 그는 too busy to help 라고 말했다.

15 **in front of** • 그녀는 내숭을 떤다 in front of her boyfriend.

## B 복습하기 2단계 (숙어의 뜻을 써보세요. 뒷장을 접으면 답이 나옵니다.)

1 **be proud of**

2 **of course**

3 **one day**

4 **some day[someday]**

5 **wait for**

6 **come from**

7 **go V~ing**

8 **make friends with**

9 **take A to B**

10 **thank A for B**

11 **be able to V**

12 **by the way**

13 **put together**

14 **too ~ to V**

15 **in front of**

## C 복습하기 3단계 (다음 중 올바른 것을 고르세요.)

| | | | |
|---|---|---|---|
| 1 | ~을 자랑스럽게 여기다 | □ be proud of | □ account for |
| 2 | 물론 | □ in particular | □ of course |
| 3 | (과거, 미래의) 어느 날 | □ before long | □ one day |
| 4 | (미래의) 언젠가, 훗날 | □ up to date | □ some day |
| 5 | 기다리다 | □ wait for | □ think over |
| 6 | ~출신이다, ~에서 나오다 | □ come from | □ sound like |
| 7 | ~하러 가다 | □ make believe | □ go V~ing |
| 8 | ~와 친해지다, 사귀다 | □ make friends with | □ be satisfied with |
| 9 | A를 B로 데려가다 | □ take A to B | □ add A to B |
| 10 | A에게 B에 대해 감사하다 | □ leave A for B | □ thank A for B |
| 11 | ~할 수 있다 | □ tend to V | □ be able to V |
| 12 | 그런데, 그건 그렇고 | □ by the way | □ get even with |
| 13 | 모으다, 조립하다 | □ put together | □ enter into |
| 14 | 너무~해서~할수없다 | □ be likely to V | □ too ~ to V |
| 15 | ~의 앞에 | □ in front of | □ idle away |

# 마이 리틀 테스트

## 2회 (5 ~8 day)

# 마이 리틀 테스트 2회 (5강~8강)

## 1. 알맞은 우리말과 연결하세요.

| | |
|---|---|
| **mess up** • | • 돌아가시다[죽다] |
| **dress up** • | • ~처럼 보이다 |
| **give up** • | • 포기하다 |
| **pass away** • | • 지저분하게 하다 |
| **think over** • | • 잘 차려입다 |
| **look like** • | • 숙고하다 |
| **be proud of** • | • 기다리다 |
| **put together** • | • ~와 친해지다 |
| **wait for** • | • ~을 자랑스럽게 여기다 |
| **make friends with** • | • 모으다, 합치다 |

## 2. 다음 빈칸에 알맞은 말을 〈보기〉에서 골라 적절히 고쳐 쓰세요.

**be absorbed in / listen to / mess up / sound like / set up / be about to**

① 나는 회사를 같이 차리자는[세우자는] 그의 제안을 거절했다.
I turned down his proposal to __________ a business together.

② 강아지들이 방을 지저분하게 해놓았다.
The puppies ______________ the room.

③ 우리는 막 점심을 먹으려는 참이다.
We ______________ have lunch.

④ 마이크는 TV 보는 데 열중해있다.
Mike ______________ watching TV.

⑤ 내 남자친구는 내 말을 경청하지 않아.
My boyfriend just doesn't __________ me.

⑥ 그건 심지어 영어처럼 들리지도 않아.
That doesn't even __________ English.

## 3. 다음 빈칸에 알맞은 보기를 고르시오.

I wasn't _______ for school this morning.
오늘 아침 난 정시 등교를 하지 못했다.

① for a while ② on time ③ at least ④ at last

## 4. 다음 빈칸에 알맞은 전치사를 고르시오.

I was satisfied _______ the test results.

① with ② from ③ over ④ beside

## 5. 다음 빈칸에 알맞은 보기를 고르시오.

Try _______ the table the other way. 시험 삼아 한번 다른 쪽으로 테이블을 움직여봐.

① to move
② moving
③ moved
④ to moving

## 6. 다음 문장에서 밑줄 친 think over 의 동의어를 고르시오.

Please <u>think over</u> what I've said.

① focus on ② depend on
③ ponder on ④ rely on

7. 다음 빈칸에 알맞은 보기를 고르시오.

I enjoy ______ computer games.
나는 컴퓨터 게임하는 것을 즐긴다.

① to play ② playing
③ to have played ④ to playing

8. 다음 문장에서 밑줄 친 to와 바꿔 쓸 수 있는 보기를 고르시오.

She arrived early <u>to</u> get a good seat.
그녀는 좋은 자리를 잡기 위하여 일찍 도착했다.

① even though
② in spite of
③ in front of
④ in order to

9. 다음 빈칸에 알맞은 보기를 고르시오.

I would like ___________ a Korean play.
한국연극을 하나 보고 싶습니다.

① to see
② seeing
③ to have seen
④ to seeing

10. 빈칸에 알맞은 전치사를 고르시오.

When will you leave ________ the beach?
언제 해변으로 떠날거니?

① for
② from
③ of
④ with

11. 빈칸에 알맞은 전치사를 고르시오.

I am interested ______ hip-hop music.
나는 힙합음악에 관심이 있다.

① under ② from ③ of ④ in

12. 다음 빈칸에 알맞은 보기를 고르시오.

______, working out is required to lose weight.
무엇보다도 살빼기위해선 운동이 필요하다.

① Even if ② Even though
③ Above all ④ After all

13. 다음 문장에서 pass out의 의미로 알맞은 것을 고르시오.

I am so tired and hungry. I am about to <u>pass out</u>.

① 건네주다
② 기절하다
③ 돌아가시다, 죽다
④ 처분하다, 없애다

14. 다음 문장에서 밑줄 친 After all의 동의어가 아닌 것을 하나 고르시오.

<u>After all</u>, she broke up with her boyfriend.

① in the end ② at least
③ finally ④ eventually

# day 9

» 121
135

## 121 eat out ▶ 외식하다

비교 / ***go out*** 외출하다

- We **eat out** three times a week. 우리는 일주일에 3번은 외식을 해요.

## 122 from A to B ▶ A에서부터 B까지

참고 / 어떤 것의 기간이나 거리등의 범위를 나타낸다.

- The festival is held **from** September **to** October. 그 축제는 9월부터 10월까지 열린다.

## 123 from time to time ▶ 때때로, 가끔 = *sometimes*

- She has to work at weekends **from time to time**. 그녀는 가끔 주말에 일을 해야 한다.

## 124 from place to place ▶ 이리저리로, 여기저기로 = *here and there*

- He took pictures **from place to place**. 그는 여기저기 사진을 찍었다.

## 125 take off ▶ ① (옷을) 벗다 ↔ *put on* ② 쉬다 ③ 이륙하다 ↔ *land*

- I don't want to **take off** my hat. 저는 모자를 벗고 싶지 않아요.
- I'd like to **take off** on Saturday. 토요일은 쉬고 싶다.
- Will the plane **take off** on time? 비행기가 제시간에 이륙할까요?

## 126 put on ▶ (옷을) 입다, (연극 등을) 공연하다

- **Put on** your jacket! 자켓 입어라!

## 127 try on ▶ (옷을) 시험 삼아 입어보다

- Can I **try on** this jacket? 이 재킷을 입어 봐도 돼요?

## 128 put on weight ▶ 체중이 늘다 = *gain weight*

- I can eat what I want but I never **put on weight** . 나는 원하는 것을 다 먹어도 절대 살이 찌지 않는다

## 129 lose weight

▶ 체중이 줄다 ↔ *gain weight*

- I am trying to **lose weight**. 살을 빼려고 노력하고 있다.

## 130 do one's best

▶ 최선을 다하다

- I'll **do my best** to solve this problem. 난 이 문제를 해결하기 위해 최선을 다 할거야.

## 131 do one's homework

▶ 숙제를 하다

- I forgot to **do my homework**. 숙제 하는 것을 잊었다

## 132 do the dishes

▶ 설거지하다 = *wash the dishes*

- I am too busy to **do the dishes**. 난 너무 바빠서 설거지 할 수 없다.

## 133 do the laundry

▶ 빨래하다

- **Doing the laundry** is easy and simple. 빨래를 하는 것은 쉽고 간단한 일입니다.

## 134 be popular with

▶ ~에게 인기가 좋다

- He **is popular with** the ladies. 그는 여자들에게 인기가 좋다

## 135 keep (on) ~ing

▶ 계속~하다 = *continue V~ing*

- **Keep on** hav**ing** a chat with your friend. 너의 친구와 계속 얘기해.

?

## A 복습하기 1단계 (한국말 예문을 읽어보며 숙어의 뜻을 떠올려보세요.)

1 **eat out** • 오늘은 어머니의 수고를 덜어 드리기 위해 eat out 하자!

2 **from A to B** • 우리 회사의 근무 시간은 from 9 to 5 이다.

3 **from time to time** • 답답할 때면 from time to time 바다를 보러 떠난다.

4 **from place to place** • 나는 어린 시절 from place to place 이사 다녔다.

5 **take off** • ① 너무 더우면 코트를 take off 해.
② 나는 다음 주에 며칠 take off 하기로 했다.
③ 그 비행기는 한 시간 늦게 take off 했다.

6 **put on** • 학교 늦겠어. 서둘러 교복을 put on해!

7 **try on** • 이 셔츠 맘에 드는데 try on 해봐도 되요?

8 **put on weight** • 추석에 너무 많이 먹었더니 put on weight 했다.

9 **lose weight** • 나는 비만이라서, 정말로 lose weight 하고 싶다.

10 **do one's best** • 만약 내가 do my best 한다면 좋은 성적을 받을 수 있을 거야.

11 **do one's homework** • 난 컴퓨터 없이는 do my homework 하기 힘들어요.

12 **do the dishes** • 이 드라마만 보고 나서 do the dishes할거야.

13 **do the laundry** • 내가 바빠서 그런데 너가 do the laundry 좀 해라!

14 **be popular with** • 애니메이션 라바는 어린 아이들에게 매우 be popular with 하다.

15 **keep (on) ~ing** • 네가 keep on being lazy 하면 너를 해고할 수밖에 없어.

## B 복습하기 2단계 (숙어의 뜻을 써보세요. 뒷장을 접으면 답이 나옵니다.)

1 **eat out**

2 **from A to B**

3 **from time to time**

4 **from place to place**

5 **take off**

6 **put on**

7 **try on**

8 **put on weight**

9 **lose weight**

10 **do one's best**

11 **do one's homework**

12 **do the dishes**

13 **do the laundry**

14 **be popular with**

15 **keep (on) ~ing**

## C 복습하기 3단계 (다음 중 올바른 것을 고르세요.)

| | | | |
|---|---|---|---|
| 1 | 외식하다 | □ break out | □ eat out |
| 2 | A에서부터 B까지 | □ from A to B | □ take A to B |
| 3 | 때때로, 가끔 | □ from now on | □ from time to time |
| 4 | 이리저리로 | □ at second hand | □ from place to place |
| 5 | ① (옷을) 벗다<br>② 쉬다<br>③ 이륙하다 | □ take off | □ put on |
| 6 | (옷을) 입다 | □ turn on | □ put on |
| 7 | 시험 삼아 입어보다 | □ try to | □ try on |
| 8 | 체중이 늘다 | □ put on weight | □ had better |
| 9 | 체중이 줄다 | □ take a walk | □ lose weight |
| 10 | 최선을 다하다 | □ do one's best | □ have a good time |
| 11 | 숙제를 하다 | □ be surprised at | □ do one's homework |
| 12 | 설거지하다 | □ do the dishes | □ pay back |
| 13 | 빨래하다 | □ do the laundry | □ take out |
| 14 | ~에게 인기가 좋다 | □ be concerned with | □ be popular with |
| 15 | 계속~하다 | □ keep (on) ~ing | □ decide to V |

day
10

» 136
150

136 **decide to V** ▶ ~하기로 결심[결정]하다

- I **decided to** ask him. 나는 그에게 물어보기로 결정했다.

137 **don't have to V** ▶ ~할 필요가 없다 = ***don't need to V, need not***
↔ ***have to V, must***

- You don't **have to** worry. 넌 걱정하지 않아도 돼.

138 **these days** ▶ 요즘 = ***nowadays***

- He is absorbed in his work **these days.** 요즘 그는 일에 몰두해 있다.

139 **stop ~ing** ▶ ~ 하는 것을 멈추다

- I **stopped** look**ing** at her. 나는 그녀를 보는 것을 멈췄다.

140 **stop to V** ▶ ~ 하기 위해 멈추다

주의 / 이때 ***to*** 부정사는 명사적 용법이 아니라 부사적 용법으로 쓰였다.

- I **stopped to** look at her. 나는 그녀를 보기 위해 멈췄다.

141 **help A with B** ▶ A가 B하는 것을 돕다

- I **helped** him with his homework. 나는 그가 숙제하는 것을 도왔다.

142 **be worried about** ▶ ~에 대해 걱정하다 = ***worry about, be anxious about***

- I **am worried about** his health. 난 그의 건강이 걱정된다.

143 **between A and B** ▶ A와 B 사이에

- There was a lot of trade **between** China **and** the West.
중국과 서양 사이에는 많은 거래가 이루어졌다.

## 144 arrive at[in] ▶ ~에 도착하다

주의 / ***arrive at*** **+** 좁은 지역 / ***arrive in*** **+** 넓은 지역

- I usually **arrive at** the office on time. 저는 대개 정각에 사무실에 도착해요.

## 145 have fun ▶ 재미있게 놀다 = *have a good time, enjoy oneself*

- **Have fun** at the birthday party. 생일 파티에서 재밌게 놀아.

## 146 make fun of ▶ ~을 놀리다

- Promise you will not **make fun of** me. 날 놀리지 않겠다고 약속해!

## 147 be ready to V ▶ ~할 준비가 되다

주의 / ***be ready for N*** ~할 준비가 되다

- I don't think **I'm ready to** be in love. 난 사랑을 할 준비가 되어 있지 않아

## 148 at last ▶ 마침내, 드디어 = *in the end, after all, finally, eventually*

- **At last** we won the game. 마침내 우리가 이겼다

## 149 at home ▶ ① 집에서 ② 국내에서

- I wonder if he is **at home**. 그가 집에 있을지 모르겠다.
- Psy is famous both **at home** and abroad. 싸이는 국내외에서 유명하다.

## 150 make oneself at home ▶ 편안히 하다

- Take off your coat and **make yourself at home**. 코트를 벗고 편히 쉬세요.

day 10

?

## A 복습하기 1단계 (한국말 예문을 읽어보며 숙어의 뜻을 떠올려보세요.)

1 **decide to V** • 나는 위험에 처한 친구를 decide to help 했다.

2 **don't have to V** • 나 혼자서 할 수 있으니 넌 don't have to help me.

3 **these days** • These days 핸드폰으로 음악을 듣는다.

4 **stop ~ing** • 그는 건강이 악화되어 stop smoking 했다.

5 **stop to V** • 그는 길을 걷다 stop to smoke 했다.

6 **help A with B** • 나는 help him with his Korean study 하기로 약속했어요.
그는 일본인이라 한국말이 서툴거든요.

7 **be worried about** • 난 기말고사 점수에 대해 be worried about 하다.

8 **between A and B** • Between man and woman 서로 이해 할 수 없는 부분이 있어.
그래서 연애는 쉬운 일이 아니야.

9 **arrive at[in]** • 소포는 이틀 후 당신의 집에 arrive at 할 것입니다.

10 **have fun** • 여름엔 많은 사람들이 해변에서 have fun 합니다.

11 **make fun of** • 꼬마야 자꾸 어른을 make fun of 하면 못써!

12 **be ready to V** • 난 be ready to have a kid 가 되지 않았어. 결혼은 아직 나에게는 먼 이야기야.

13 **at last** • 학창시절 틈만 나면 붙어 다니던 우리는 at last 연인이 되었다.

14 **at home** • 그는 학교를 다니지 않는다. 그의 부모님이 at home 교육을 한다.

15 **make oneself at home** • Make yourself at home 하고 음식들을 마음껏 드세요.

## B 복습하기 2단계 (숙어의 뜻을  써보세요. 뒷장을 접으면 답이 나옵니다.)

1 **decide to V**

2 **don't have to V**

3 **these days**

4 **stop ~ing**

5 **stop to V**

6 **help A with B**

7 **be worried about**

8 **between A and B**

9 **arrive at[in]**

10 **have fun**

11 **make fun of**

12 **be ready to V**

13 **at last**

14 **at home**

15 **make oneself at home**

?

## C 복습하기 3단계 (다음 중 올바른 것을 고르세요.)

| | | | |
|---|---|---|---|
| 1 | ~ 하기로 결심하다 | □ decide to V | □ would like to V |
| 2 | ~할 필요가 없다 | □ be about to V | □ don't have to V |
| 3 | 요즘 | □ these days | □ some day |
| 4 | ~ 하는 것을 멈추다 | □ stop to V | □ stop ~ing |
| 5 | ~ 하기 위해 멈추다 | □ stop to V | □ stop ~ing |
| 6 | A가 B하는 것을 돕다 | □ help A with B | □ charge A with B |
| 7 | ~에 대해 걱정하다 | □ be crazy about | □ be worried about |
| 8 | A와 B 사이에 | □ between A and B | □ both A and B |
| 9 | ~에 도착하다 | □ arrive at[in] | □ work at[in] |
| 10 | 재미있게 놀다 | □ have difficulty | □ have fun |
| 11 | ~을 놀리다 | □ make fun of | □ listen to |
| 12 | ~ 할 준비가 되다 | □ be ready to V | □ be able to V |
| 13 | 마침내, 드디어 | □ at least | □ at last |
| 14 | ① 집에서 ② 국내에서 | □ at best | □ at home |
| 15 | 편안히 하다 | □ make oneself at home | □ look good on |

day
11

» 151
165

### 151 run across ▶ ① 우연히 만나다 ② 뛰어 건너다

- I **ran across** my ex-girlfriend. 나는 전 여자친구와 우연히 만났다.
- The boy **ran across** the street. 그 소년은 길 건너로 뛰어 건너갔다.

### 152 bump into ▶ 우연히 만나다 = *run into, run across*

- I was hoping to **bump into** him. 나는 그와 우연히 만나기를 희망하고 있었다.

### 153 on one's way ▶ (~로 가는) 도중에

- I ran across my old friend **on my way** to school. 학교 가는 길에 우연히 옛 친구를 만났다.

### 154 belong to N ▶ ~에 속하다

- It doesn't **belong to me**. 이것은 내 것이 아니다.

### 155 help oneself ▶ 마음껏 먹다

- **Help yourself**! There is much left. 마음껏 드십시오. 많이 남았어요.

### 156 seem to V ▶ ~ 인 것 같다

- He **seems to be** indifferent to her. 그는 그녀에게 무관심한 것 같다.

### 157 take a picture (of) ▶ (~의) 사진을 찍다

- Don't **take a picture of** me. 내 사진 찍지 마.

### 158 in fact ▶ 사실상, 실제로

- **In fact**, I've never eaten Chinese food before.
  사실상 난 지금까지 한 번도 중국음식을 먹어 본 적이 없었어요.

159 **in my opinion** ▶ 내 의견으로는, 내 생각에는

- **In my opinion**, this movie is very fun. 내 생각엔, 이 영화는 정말 재미있어.

160 **right away** ▶ 곧, 즉시 = *right now, immediately*

- I'll pay you back **right away**. 곧 갚을게.

161 **throw away** ▶ 내던지다, 버리다

- He **threw away** the trash in the street. 그는 길에다 휴지를 버렸다.

day 11

162 **such as** ▶ ~와 같은

- He has many books **such as** novels and cartoons. 그는 소설, 만화 같은 많은 책을 갖고 있다.

163 **write down** ▶ ~을 적다 = *put down, take down*

- **Write down** the address before you forget it. 잊기 전에 그 주소를 적어 두어라.

164 **put down** ▶ ① 내려놓다 ② ~을 적다 ③ 진압하다

- **Put down** your pen. 펜을 내려놓아라.
- **Put down** your name and address here. 여기에 성함과 주소를 적어라.
- Soldiers **put down** the riot. 군인들이 폭동을 진압했다.

165 **come along** ▶ 함께 가다[오다], 동행하다

- I don't want to stay here by myself. I'll **come along**. 혼자 여기 있기 싫어요. 같이 갈래요.

## A 복습하기 1단계 (한국말 예문을 읽어보며 숙어의 뜻을 떠올려보세요.)

1 **run across** • ① 10년 만에 길거리에서 그 친구를 run across 했다.
② 그는 차들을 재빨리 피하며 길을 run across 했다.

2 **bump into** • 벌써 다 잊었다고 생각했지만 난 아직도 전 여자친구를 bump into하기를 바라고 있다.

3 **on one's way** • 아이들을 위해 치킨을 좀 사가야겠다 on my way home.

4 **belong to N** • 윤아는 소녀시대에 belong to 한 가수이다.

5 **help oneself** • 차린 건 많지 않지만 help oneself하세요.

6 **seem to V** • 나이에 비해 그 할아버지는 seem to be fit 하다.

7 **take a picture (of)** • Take a picture 할 때 김치라고 하세요.

8 **in fact** • 그 일이 힘들 거라고 생각했는데 in fact 아주 쉬워.

9 **in my opinion** • 넌 아니라 할지라도 in my opinion 너의 행동은 적절했고 또한 용기 있는 행동이었어.

10 **right away** • 구급차 좀 불러줘요 right away. 내 친구가 사고를 당했어요.

11 **throw away** • 담배꽁초를 바닥에 throw away 하지마세요.

12 **such as** • 그녀는 귀여운 것들을 좋아한다 such as dolls.

13 **write down** • 쇼핑리스트에 우유도 write down 하는 거 잊지 마.

14 **put down** • ① 가방을 바닥에 put down 해라. ② 종이에 이름을 put down 하세요.
③ 군인들이 폭동을 put down 했다.

15 **come along** • 난 커피 마시러 갈건데 come along 할 사람 없나요? 오늘은 제가 쏩니다~.

## B 복습하기 2단계 (숙어의 뜻을 써보세요. 뒷장을 접으면 답이 나옵니다.)

1 **run across**

2 **bump into**

3 **on one's way**

4 **belong to N**

5 **help oneself**

6 **seem to V**

7 **take a picture (of)**

8 **in fact**

9 **in my opinion**

10 **right away**

11 **throw away**

12 **such as**

13 **write down**

14 **put down**

15 **come along**

## C 복습하기 3단계 (다음 중 올바른 것을 고르세요.)

| | | | |
|---|---|---|---|
| 1 | ① 우연히 만나다<br>② 뛰어 건너다 | □ come from | □ run across |
| 2 | 우연히 만나다 | □ bump into | □ enter into |
| 3 | (~로 가는) 도중에 | □ on one's way | □ run away |
| 4 | ~에 속하다 | □ be occupied with | □ belong to N |
| 5 | 마음껏 먹다 | □ help oneself | □ by oneself |
| 6 | ~인 것 같다 | □ seem to V | □ can afford to V |
| 7 | (~의) 사진을 찍다 | □ be absorbed (in) | □ take a picture (of) |
| 8 | 사실상, 실제로 | □ in fact | □ of itself |
| 9 | 내 의견으로는 | □ beside oneself | □ in my opinion |
| 10 | 곧, 즉시 | □ a lot of | □ right away |
| 11 | 내던지다, 버리다 | □ throw away | □ wait for |
| 12 | ~와 같은 | □ such as | □ look like |
| 13 | ~을 적다 | □ wake up | □ write down |
| 14 | ① 내려놓다<br>② ~을 적다 ③ 진압하다 | □ sound like | □ put down |
| 15 | 함께 가다[오다] | □ come along | □ make friends with |

# day 12

» 166
180

166 **get together** ▶ 함께 모이다

- Let's **get together** tomorrow. 내일 함께 모이자.

167 **keep one's word** ▶ 약속을 지키다

- I always **keep my word**. 나는 항상 약속을 지킨다.

168 **by accident** ▶ 우연히

- I met him **by accident** on the street. 우연히 그를 길에서 만났다.

169 **in the same way** ▶ 같은 방식으로

- You and your sister acted **in the same way**. 너와 너의 동생은 똑같은 방식으로 행동하는 구나.

170 **result from** ▶ ~의 결과이다

- Tooth decay can **result from** poor care of your teeth. 충치는 치아 관리를 잘못한 것의 결과이다.

171 **result in** ▶ ~하는 결과를 낳다[초래하다]

- Drunk driving can **result in** big accident. 음주운전은 큰 사고를 초래한다.

172 **next to** ▶ ~옆에 = ***beside*, *by***

- I don't want to sit **next to** him. 나는 그의 옆에 앉고 싶지 않아.

173 **next to nothing** ▶ 거의 없는, 아주 조금 = ***very little***

- He knew **next to nothing** about farming. 그는 농사에 대해 거의 아무것도 몰랐다.

## 174 next to impossible ▶ 거의 불가능한

- It is **next to impossible** to solve this problem. 이 문제의 해결은 거의 불가능하다

## 175 be concerned about ▶ ~에 대해 걱정하다

- I **am concerned about** my mother's health. 나는 어머니의 건강에 대해 걱정이다.

## 176 be concerned with ▶ ~와 관계가 있다

- I **am** not **concerned with** it. 난 관계없다.



## 177 be late for ▶ ~에 늦다, ~에 지각하다

- I don't want to **be late for** school. 학교에 지각하기는 싫어.

## 178 take out ▶ ① (음식을) 싸갖고 가다 ② 꺼내다

- Two hamburgers to **take out**, please. 햄버거 두 개 포장이요.
- Everyone, **take out** your lunch boxes. 모두 도시락을 꺼내세요.

## 179 be surprised at ▶ ~에 놀라다

- Everybody **was surprised at** the news. 그 소식에 다들 놀랐다.

## 180 say hello to ▶ ~에게 안부를 전하다, ~에게 인사하다

주의 / ***say good-bye to*** ~에게 작별인사를 하다

- **Say hello to** your friend. 너의 친구들에게 인사해.

## A 복습하기 1단계 (한국말 예문을 읽어보며 숙어의 뜻을 떠올려보세요.)

1 **get together** • 네 얼굴 잊어버리겠다. 자주 좀 get together 하자.

2 **keep one's word** • 날 믿어도 돼 난 항상 keep my word 하니까.

3 **by accident** • 그녀는 순전히 by accident 하게 가수가 되었다.

4 **in the same way** • 처음인데 너무 잘하셨어요. 남은 빵들도 in the same way 모양을 만들고 구우세요.

5 **result from** • 그의 실패는 result from 그의 게으른 성격.

6 **result in** • 그 지진은 result in 수천만 명의 사망자.

7 **next to** • 저는 절대 늦지 않아요. 회사가 next to my house 있거든요.

8 **next to nothing** • 도박으로 돈을 탕진한 그는 은행에 돈이 next to nothing 있다.

9 **next to impossible** • 인간이 자동차보다 빨리 달리는 것은 next to impossible 하다.

10 **be concerned about** • 어머니는 갑자기 떨어진 내 성적에 be concerned about 하셨다.

11 **be concerned with** • 도난당한 물건들은 그녀의 집에서 발견되었고 그녀는 해외로 도피한 상태다. 그녀는 분명히 그 범죄와 be concerned with 하다.

12 **be late for** • 이러다 학원에 be late for 하겠다. 서둘러!

13 **take out** • ① 치즈버거 두 개만 take out 할게요.
② 도전을 받아주지. 네 칼을 take out 하게.

14 **be surprised at** • 지독한 구두쇠였던 그는 비싼 가방의 가격을 듣고 be surprised at 했다.

15 **say hello to** • 새로 전학 온 친구에게 모두 say hello to 하고 친하게 지내도록해요.

## B 복습하기 2단계 (숙어의 뜻을 써보세요. 뒷장을 접으면 답이 나옵니다.)

1 **get together**

2 **keep one's word**

3 **by accident**

4 **in the same way**

5 **result from**

6 **result in**

7 **next to**

8 **next to nothing**

9 **next to impossible**

10 **be concerned about**

11 **be concerned with**

12 **be late for**

13 **take out**

14 **be surprised at**

15 **say hello to**

?

## C 복습하기 3단계 (다음 중 올바른 것을 고르세요.)

| | | |
|---|---|---|
| 1 함께 모이다 | □ throw away | □ get together |
| 2 약속을 지키다 | □ keep one's word | □ help oneself |
| 3 우연히 | □ right away | □ by accident |
| 4 같은 방식으로 | □ in the same way | □ on one's way |
| 5 ~의 결과이다 | □ result from | □ be popular with |
| 6 ~하는 결과를 낳다 | □ make fun of | □ result in |
| 7 ~옆에 | □ next to | □ in front of |
| 8 거의 없는, 아주 조금 | □ next to nothing | □ by the way |
| 9 거의 불가능한 | □ next to impossible | □ from time to time |
| 10 ~에 대해 걱정하다 | □ be concerned with | □ be concerned about |
| 11 ~와 관계가 있다 | □ be concerned with | □ be concerned about |
| 12 ~에 늦다, ~에 지각하다 | □ be late for | □ come along |
| 13 ① (음식을) 싸갖고 가다 ② 꺼내다 | □ take off | □ take out |
| 14 ~에 놀라다 | □ be anxious about | □ be surprised at |
| 15 ~에게 안부를 전하다, ~에게 인사하다 | □ write down | □ say hello to |

# 마이 리틀 테스트

## 3회 (9 ~12 day)

# 마이 리틀 테스트 3회 (9강~12강)

**1. 알맞은 우리말과 연결하세요.**

| | |
|---|---|
| have fun • | • ~을 놀리다 |
| make fun of • | • ~에 속하다 |
| be worried about • | • 내던지다, 버리다 |
| bump into • | • 우연히 만나다 |
| belong to • | • 재미있게 놀다 |
| write down • | • ~에 대해 걱정하다 |
| throw away • | • ~을 적다 |
| come along • | • ~에 놀라다 |
| be surprised at • | • 외식하다 |
| eat out • | • 동행하다 |

**2. 다음 빈칸에 알맞은 말을 〈보기〉에서 골라 적절히 고쳐 쓰세요.**

> **do one's best / do one's homework / do the laundry / be ready to / decide to / be popular with**

① 나는 그에게 물어보기로 결정했다.

I ________________ ask him.

② 난 사랑을 할 준비가 되어 있지 않아.

I don't think I ________________ be in love.

③ 그는 여자들에게 인기가 좋다.

He ________________the ladies.

④ 빨래를 하는 것은 쉽고 간단해요.

________________ is easy and simple.

⑤ 숙제 하는 것을 잊었다.

I forgot to ________________ .

⑥ 난 이 문제를 해결하기 위해 최선을 다 할 거야.

I'll ________________ to solve this problem.

**3. 다음 빈칸에 알맞은 보기를 고르시오.**

> She decided ________ the poor.
> 그녀는 가난한 사람들을 돕기로 결정했었다.

① help ② helping

③ to help ④ to helping

**4. 다음 문장에서 at home의 의미로 알맞은 것을 고르시오.**

> Psy is famous both <u>at home</u> and abroad.

① 집에서 ② 회사에서

③ 국내에서 ④ 국외에서

**5. 다음 빈칸에 알맞은 보기를 고르시오.**

> Promise you will not ______ me.
> 날 놀리지 않겠다고 약속해!

① have fun

② make fun of

③ make yourself at home

④ do the dishes

**6. 빈칸에 알맞은 전치사를 고르시오.**

> I am worried ______ his health.
> 난 그의 건강이 걱정된다.

① to ② about ③ in ④ without

7. 다음 빈칸에 알맞은 보기를 고르시오.

Keep on ____ a chat with your friend.
너의 친구와 계속 얘기해.

① have ② having ③ to have ④ to having

8. 다음 빈칸에 알맞은 보기를 고르시오.

I stopped ____________ her.
나는 그녀를 보는 것을 멈췄다.

① to look for ② looking for
③ to look at ④ looking at

9. 다음 빈칸에 들어갈 수 없는 보기를 하나만 고르시오.

I was hoping to ____________ him.
나는 그와 우연히 만나기를 희망하고 있었다.

① bump into ② run across
③ run into ④ run for

10. 빈칸에 알맞은 전치사를 고르시오.

I am not concerned _______ it.
난 관계없다.

① to ② from
③ about ④ with

11. 빈칸에 알맞은 전치사를 고르시오.

I am concerned ___ my mother's health.
나는 어머니의 건강에 대해 걱정이다.

① to ② from
③ about ④ with

12. 빈칸에 알맞은 전치사를 고르시오.

Tooth decay can result ____ poor care of your teeth.
충치는 치아 관리를 잘못한 것의 결과이다.

① in ② from
③ about ④ with

13. 빈칸에 알맞은 전치사를 고르시오.

Drunk driving can result ____ big accident.
음주운전은 큰 사고를 초래한다.

① in ② from
③ about ④ with

14. 빈칸에 알맞은 전치사를 고르시오.

I met him ____ accident on the street.
우연히 그를 길에서 만났다.

① in ② by
③ to ④ without

15. 다음 문장에서 밑줄친 next to nothing 의 의미로 알맞은 것을 고르시오.

He knew <u>next to nothing</u> about farming.

① ~옆에 ② 아주 조금
③ 가능한 ④ 거의 불가능한

day
13

» 181
195

181 **be famous for** ▶ ~로 유명하다 = ***be known for*** ~로 알려져 있다

- This place **is famous for** seafood. 이곳은 해산물 요리로 유명합니다.

182 **have a good time** ▶ 즐겁게 지내다 = ***have fun, enjoy oneself***

- Did you **have a good time** on your vacation? 휴가 잘 보내셨어요?

183 **pay for** ▶ ~의 값을 치르다, 지불하다

- How much did you **pay for** your car? 차 얼마주고 샀니?

184 **pay back** ▶ 갚다, 보복하다

- I'll **pay back** the money with interest. 이자 붙여서 그 돈은 갚을게.

185 **turn on** ▶ (전등, 기계등을) 켜다

- I'll **turn on** the air conditioner. 에어컨을 틀게요.

186 **turn off** ▶ (전등, 기계 등을) 끄다

- Don't forget to **turn off** the TV. 티비 끄는 것 잊지 마라.

187 **around the world** ▶ 전 세계에 = ***all over the world***

- People **around the world** enjoy chocolate. 전 세계에 있는 사람들은 초콜릿을 즐긴다.

188 **at first** ▶ 처음에

- **At first**, I didn't believe it. 처음에는 난 믿지 않았어.

## 189 **for the first time** ▶ 처음으로

- I write diary in English **for the first time.** 처음으로 영어일기를 쓴다.

## 190 **look forward to V~ing** ▶ ~ 하기를 기대하다

- I **look forward to** meet**ing** you again. 다시 만나기를 기대합니다.

## 191 **be[feel] sorry for** ▶ 미안하다, 유감이다, 안됐다

- I'**m sorry for** sorry for interrupting you. 당신을 방해해서 미안해요.

## 192 **last night** ▶ 어젯밤에

비교 / ***last week*** 지난주에, ***last month*** 지난달에, ***last year*** 지난해에

- I only slept for 3 hours **last night.** 어제 밤에 단 3시간밖에 못 잤다.

## 193 **had better** ▶ ~하는 게 낫다 = ***would rather A***

- You **had better** go to the doctor. 병원에 가보는 게 좋을 거야.

## 194 **make it** ▶ ① 제 시간에 도착하다 ② 성공하다, 해내다

- I'll **make it** in 30 minutes. 30분이면 도착할 거야.
- He **made it** as an actor. 그는 배우로서 성공했다.

## 195 **take a walk** ▶ 산책하다

비교 / ***take a rest*** 쉬다, ***take a bath*** 목욕하다

- I **take a walk** after lunch. 나는 점심 식사 후에 산책을 한다.

?

## A 복습하기 1단계 (한국말 예문을 읽어보며 숙어의 뜻을 떠올려보세요.)

1 **be famous for** • 제주도는 관광지로 be famous for 하다.

2 **have a good time** • 불안해하지 말고 have a good time 해 .

3 **pay for** • 저번에 얻어먹었으니 오늘은 내가 저녁 식사 값을 pay for 할게.

4 **pay back** • 그는 빚지고 있는 돈을 아직 pay back 하지 못했다.

5 **turn on** • 여름에는 많은 사람들이 에어컨을 turn on 한다.

6 **turn off** • 잠잘 시간이 지났어. 이제 그만 TV를 turn off 해라.

7 **around the world** • 무한도전은 around the world 방송되는 프로그램이다.

8 **at first** • At first, 당신을 좋아 하지 않았지만 지금은 좋아해요.

9 **for the first time** • 난 태어나서 for the first time 랍스타를 먹는 거야.

10 **look forward to V~ing** • 난 그 작가의 다음 작품을 look forward to reading 한다.

11 **be[feel] sorry for** • 괜찮아 너무 feel sorry for 하지 말아요.

12 **last night** • 피곤했는지 last night 그는 집에 오자마자 곯아떨어졌다.

13 **had better** • 차가 막히는 아침시간엔 지하철을 타는 게 had better 하다.

14 **make it** • ① 차가 너무 막혀서 절대 우리는 make it 하지 못 할 거야.
② 산이는 랩퍼로서 make it 했다.

15 **take a walk** • 날씨가 좋으니 take a walk 하자!

## B 복습하기 2단계 (숙어의 뜻을 써보세요. 뒷장을 접으면 답이 나옵니다.)

1 **be famous for**

2 **have a good time**

3 **pay for**

4 **pay back**

5 **turn on**

6 **turn off**

7 **around the world**

8 **at first**

9 **for the first time**

10 **look forward to V~ing**

11 **be[feel] sorry for**

12 **last night**

13 **had better**

14 **make it**

15 **take a walk**

?

## C 복습하기 3단계 (다음 중 올바른 것을 고르세요.)

| | | |
|---|---|---|
| 1 ~로 유명하다 | □ be content with | □ be famous for |
| 2 즐겁게 지내다 | □ have a good time | □ make fun of |
| 3 ~의 값을 치르다 | □ pay for | □ except for |
| 4 갚다, 보복하다 | □ be worried about | □ pay back |
| 5 (전등, 기계 등을) 켜다 | □ turn off | □ turn on |
| 6 (전등, 기계 등을) 끄다 | □ turn off | □ turn on |
| 7 전 세계에 | □ above all | □ around the world |
| 8 처음에 | □ at first | □ for the first time |
| 9 처음으로 | □ at first | □ for the first time |
| 10 ~ 하기를 기대하다 | □ look forward to V~ing | □ don't have to V |
| 11 미안하다, 유감이다 | □ be satisfied with | □ be[feel] sorry for |
| 12 어젯밤에 | □ these days | □ last night |
| 13 ~하는 게 낫다 | □ had better | □ have fun |
| 14 ① 제 시간에 도착하다 ② 성공하다, 해내다 | □ carry out | □ make it |
| 15 산책하다 | □ turn out | □ take a walk |

day
14

» 196
210

## 196 **dwell in**

▶ ~에 살다, 거주하다

비교 / ***dwell on*** (지나치게 오랫동안) 숙고하다

- My parents **dwell in** the country. 우리 부모님은 시골에 거주한다.

## 197 **at once**

▶ ① 곧[즉시] ② 동시에[한꺼번에]
= ***right now, right away*** 즉시 / ***at the same time*** 동시에

- Start **at once**, otherwise you will be late. 곧 떠나지 않으면 늦는다.
- I can't do two things **at once**. 내가 두 가지 일을 동시에 할 수는 없다.

## 198 **come true**

▶ 실현되다 = ***be realized***

- I hope your dream **come true**. 네 꿈이 실현되길 바래.

## 199 **go away**

▶ 가버리다, 떠나다

비교 / ***go out*** 외출하다

- I want you to **go away** at once. 네가 즉시 가버렸으면 좋겠어.

## 200 **make a mistake**

▶ 실수하다

비교 / ***by mistake*** 실수로

- People **make a mistake** every day. 사람들은 매일 실수한다.

## 201 **hope to V**

▶ ~ 하기를 바라다[희망하다] = ***wish to V***

- I **hope to** visit there someday. 언젠가 그곳에 가보고 싶어.

## 202 **have no idea**

▶ 전혀 모르다

- I **have no idea** about politics. 저는 정치에 대해서는 전혀 몰라요.

## 203 run after ▶ 뒤쫓다

비교 / ***run away*** 도망치다, 달아나다

- **Run after** the robber! 그 도둑을 뒤쫓아라!

## 204 side by side ▶ 나란히

- They were walking **side by side**. 그들은 나란히 걸어가고 있었다.

## 205 to tell the truth ▶ 사실대로 말하자면

- **To tell the truth**, I don't like her. 사실을 말하자면 나는 그녀가 맘에 안 들어.

## 206 fall in love with ▶ ~와 사랑에 빠지다

- I **fell in love with** her. 나는 그녀와 사랑에 빠졌어요.

## 207 in a hurry ▶ 서둘러, 급히

비교 / ***hurry up*** 서두르다

- Do not be **in a hurry**. 서두르지 마.

## 208 in the past ▶ 과거에는

비교 / ***in the future*** 미래에 / ***at present*** 현재, 지금

- People traveled on horseback **in the past**. 과거에는 사람들이 말을 타고 여행 다녔다.

## 209 have a headache ▶ 머리가 아프다

비교 / ***have a toothache*** 이 아프다 / ***have a stomachache*** 배 아프다

- I **have a headache** and a runny nose. 머리가 아프고 콧물이 나요.

## 210 and so on ▶ 기타 등등

- I like sweets like chocolate, cookies, **and so on**. 나는 초콜릿, 과자 등 단 것을 좋아한다.

## A 복습하기 1단계 (한국말 예문을 읽어보며 숙어의 뜻을 떠올려보세요.)

1 **dwell in** • 가재는 민물이나 호수에 dwell in 한다.

2 **at once** • ① 그녀는 at once 수술하지 않으면 사망할 지도 몰라요.
② 모두 at once 말 하지 말아요! 한명씩 질문하세요.

3 **come true** • 당신의 꿈이 come true된 것을 축하합니다.

4 **go away** • 당신이 go away한다면 난 계속 외로울 거에야.

5 **make a mistake** • 내가 또 같은 make a mistake한다면 사람이 아니야!

6 **hope to V** • 준비를 많이 했기 때문에 오늘은 꼭 hope to win 합니다.

7 **have no idea** • 그녀가 날 왜 그렇게 싫어하는지 have no idea 하다.

8 **run after** • 두 마리 토끼를 run after 하면 결국 한 마리도 잡지 못한다.

9 **side by side** • 학생들이 단체 사진을 찍으려고 side by side 하게 서있다.

10 **to tell the truth** • To tell the truth, 전 다른 만나는 남자가 있어요.

11 **fall in love with** • 그녀는 내 친척이야. 그녀와 fall in love with 할 순 없어.

12 **in a hurry** • 나는 너무 바빠서 될 수 있는 한in a hurry 하게 떠났다.

13 **in the past** • 사람들은 in the past 휴대전화 없이 잘 살았다.

14 **have a headache** • 나는 have a headache 해서 좀 쉬어야겠어.

15 **and so on** • 나는 김치찌개, 된장찌개 and so on 찌개류를 좋아한다.

## B 복습하기 2단계 (숙어의 뜻을 써보세요. 뒷장을 접으면 답이 나옵니다.)

1 **dwell in**

2 **at once**

3 **come true**

4 **go away**

5 **make a mistake**

6 **hope to V**

7 **have no idea**

8 **run after**

9 **side by side**

10 **to tell the truth**

11 **fall in love with**

12 **in a hurry**

13 **in the past**

14 **have a headache**

15 **and so on**

?

## C 복습하기 3단계 (다음 중 올바른 것을 고르세요.)

| | | |
|---|---|---|
| 1 ~에 살다, 거주하다 | □ dwell in | □ dwell on |
| 2 ① 곧[즉시]<br>② 동시에[한꺼번에] | □ at once | □ participate in |
| 3 실현되다 | □ dispose of | □ come true |
| 4 가버리다, 떠나다 | □ go away | □ leave out |
| 5 실수하다 | □ make a mistake | □ run out of |
| 6 ~하기를 바라다 | □ dare to V | □ hope to V |
| 7 전혀 모르다 | □ be afraid of | □ have no idea |
| 8 뒤쫓다 | □ run after | □ look down on |
| 9 나란히 | □ in spite of | □ side by side |
| 10 사실대로 말하자면 | □ to tell the truth | □ in other words |
| 11 ~와 사랑에 빠지다 | □ fall in love with | □ catch up with |
| 12 서둘러, 급히 | □ under the weather | □ in a hurry |
| 13 과거에는 | □ instead of | □ in the past |
| 14 머리가 아프다 | □ have a headache | □ get along with |
| 15 기타 등등 | □ out of the question | □ and so on |

day
15

» 211
225

### 211 be tired from[with] ▶ ~로 피곤하다

- I **'m tired from** watching TV all night. 밤새 TV를 봤더니 피곤해.

### 212 be tired of ▶ ~에 싫증나다

- **I'm tired of** doing laundry. 난 빨래하는 건 싫증난다.

### 213 be sick of ▶ ~에 싫증나다, ~에 질리다

- **I'm sick of** eating ramen everyday. 날마다 라면만 먹는 데 질렸다.

### 214 welcome to N ▶ ~에 온 것을 환영하다

비교 / ***You're welcome.*** 천만에 → ***Thank you*** 에 대한 대답

- **Welcome to** Korea! 한국에 온 것을 환영합니다.

### 215 on television[TV] ▶ 텔레비전으로

- I love to watch sports **on TV** at home. 집에서 TV로 스포츠 보는 것을 좋아해.

### 216 cheer up ▶ 기운이 나다, 기운을 북돋우다

- He tried to **cheer up** his friend. 그는 그의 친구의 기운을 북돋우려고 노력했다.

### 217 go by ▶ (사람, 시간, 기회 등이) 지나가다 = ***pass by***

- Things will get easier as time **goes by**. 시간이 지나면 일이 더 수월해질 것이다.

### 218 be happy with ▶ ~로 행복하다, ~에 만족하다

- I **am** really **happy with** the result. 나는 결과에 매우 만족한다.

219 **generally speaking** ▶ 일반적으로 말하면

비교 / ***honestly[frankly] speaking*** 솔직히 말하면

- **Generally speaking**, men are taller than women.
  일반적으로 말하면, 남자가 여자보다 키가 더 크다.

220 **happen to N** ▶ ~에게 일어나다

- I don't care what **happens to her**. 그녀에게 무슨 일이 일어나든 신경 쓰지 않는다.

221 **happen to V** ▶ 우연히 ~ 하다

- I **happened to hear** their conversation. 난 우연히 그들의 대화를 들었다.

222 **say[talk] to oneself** ▶ 혼잣말을 하다, 마음속으로 생각하다

비교 / ***think to oneself*** 마음속으로 생각하다

- Calm down, I **said to myself**. 진정해, 나는 혼잣말을 했다.

223 **be supposed to V** ▶ ~하기로 되어있다(예정·의무)
= ***be scheduled to V*** ~하기로 예정 되어있다

- We **are supposed to meet** at 5 P.M. 우리는 저녁 다섯 시에 만나기로 했다.

224 **be not supposed to V** ▶ ~해서는 안 된다(금지)

- You**'re not supposed to walk** on the grass. 잔디밭 위로 걸어 다니면 안 된다.

225 **be absent from** ▶ ~에 결석하다

- Mike **is absent from** school today. 마이크는 오늘 학교 결석했다.

## A 복습하기 1단계 (한국말 예문을 읽어보며 숙어의 뜻을 떠올려보세요.)

1 **be tired from[with]** • 나는 밤새 공부한 것으로 be tired from 하다.

2 **be tired of** • 나는 이제 청소하는 것에 be tired of 하다.

3 **be sick of** • 라면만 먹는데 be sick of 해서 외식을 하기로 했다.

4 **welcome to N** • welcome to 우리 집. 어서 들어오세요.

5 **on television[TV]** • 난 영화관보다는 집에서 on TV로 영화 보는 게 더 좋아.

6 **cheer up** • 괜찮아! 다음번에 잘하면 되지. Cheer up!

7 **go by** • 시간이 go by 할수록, 난 그녀가 더 그리워.

8 **be happy with** • 나는 지금 내 성적에 be happy with 할 수 없어. 더 열심히 공부 할 테야.

9 **generally speaking** • Generally speaking, 여자는 남자보다 감수성이 풍부하다.

10 **happen to N** • 이상한 일들이 나에게 happen to 하고 있어.

11 **happen to V** • 그의 일기장을 happen to read 하게 되어서, 그의 진심을 알게 되었다.

12 **say[talk] to oneself** • 아마도 이건 꿈일 거야, 나는 say to myself 했다.

13 **be supposed to V** • 그는 be supposed to come 했는데, 갑자기 사고가나서 오지 못했어.

14 **be not supposed to V** • 도서관에서 떠드는 건 be not supposed to 하다.

15 **be absent from** • 감기를 핑계대고 내일 학교에 be absent from 해야겠다.

## B 복습하기 2단계 (숙어의 뜻을 써보세요. 뒷장을 접으면 답이 나옵니다.)

1 **be tired from[with]**

2 **be tired of**

3 **be sick of**

4 **welcome to N**

5 **on television[TV]**

6 **cheer up**

7 **go by**

8 **be happy with**

9 **generally speaking**

10 **happen to N**

11 **happen to V**

12 **say[talk] to oneself**

13 **be supposed to V**

14 **be not supposed to V**

15 **be absent from**

?

## C 복습하기 3단계 (다음 중 올바른 것을 고르세요.)

| | | | |
|---|---|---|---|
| 1 | ~로 피곤하다 | □ be tired of | □ be tired from[with] |
| 2 | ~에 싫증나다 | □ be tired of | □ be tired from[with] |
| 3 | ~에 싫증나다[질리다] | □ take care of | □ be sick of |
| 4 | ~에 온 것을 환영하다 | □ amount to N | □ welcome to N |
| 5 | 텔레비전으로 | □ on television[TV] | □ on business |
| 6 | 기운을 북돋우다 | □ wrap up | □ cheer up |
| 7 | 지나가다 | □ stand by | □ go by |
| 8 | ~로 행복하다,<br>~에 만족하다 | □ be happy with | □ hang out with |
| 9 | 일반적으로 말하면 | □ generally speaking | □ first of all |
| 10 | ~에게 일어나다 | □ happen to N | □ pay attention to N |
| 11 | 우연히 ~ 하다 | □ happen to V | □ can afford to V |
| 12 | 혼잣말을 하다 | □ enjoy oneself | □ say[talk] to oneself |
| 13 | ~ 하기로 되어있다 | □ be dying to V | □ be supposed to V |
| 14 | ~해서는 안 된다(금지) | □ be not supposed to V | □ used to V |
| 15 | ~에 결석하다 | □ be responsible for | □ be absent from |

day
16

» 226

240

## 226 for a while
▶ 잠시 동안 = *for a moment*

- You need to take a rest **for a while.** 넌 잠시 동안 좀 쉬어야 해.

## 227 after a while
▶ 잠시 후에

- **After a while**, my father came home from work. 잠시 후에, 아버지가 회사에서 돌아왔다.

## 228 catch a cold
▶ 감기에 걸리다 → 감기 걸리는 **행위**를 뜻한다.

- Be careful not to **catch a cold.** 감기 걸리지 않게 조심해.

## 229 have a cold
▶ 감기에 걸린 상태다 → 감기 걸려있는 **상태**를 나타낸다.

- If you **have a cold**, stop working and take some rest.
  감기에 걸린 상태라면, 일 그만하고 좀 쉬어

## 230 both A and B
▶ A와 B 둘 다
→ 주어자리에 있을 때는 동사와의 수일치는 **항상 복수로 사용**해야 합니다.

- **Both** he **and** his brother are handsome. 그와 그의 형은 둘 다 잘생겼다.

## 231 either A or B
▶ A 또는 B → 주어자리에 있을 때는 동사는 B에 일치시킨다.

- **Either** you **or** he has to stay here. 너 또는 그가 이곳에 머물러야 한다.

## 232 neither A nor B
▶ A도 B도 아닌 → 주어자리에 있을 때는 동사는 B에 일치시킨다.

- **Neither** you **nor** he plans to attend the class. 너와 그 둘 다 수업에 참석하지 않을 작정이구나.

## 233 not A but B
▶ A가아니라 B

- I did **not** study English, **but** watched TV. 난 영어 공부하지 않고 TV를 봤다.

## 234 **not only A but also B** ▶ A뿐만 아니라 B도 역시 = ***B as well as A***

- He is **not only** kind **but also** clever. 그는 친절할 뿐만 아니라 똑똑하다.

## 235 **B as well as A** ▶ A뿐만 아니라 B도 역시

→ 듣는 이가 이미 알고 있는 정보를 ***as well as*** 뒤에 놓는다.

- He is clever **as well as** kind. 그는 친절할 뿐만 아니라 똑똑하다.

## 236 **forget to V** ▶ (미래에) ~할 것을 잊어버리다

- Don't **forget to fasten** your seatbelt. 안전띠를 매는 것을 잊지 마세요.

## 237 **forget V~ing** ▶ (과거에) ~ 했던 것을 잊어버리다

- I will never **forget seeing** EXO. 엑소를 만났던 것을 잊지 못할 것이다.

day 16

## 238 **remember to V** ▶ (미래에) ~ 할 것을 기억하다

- Do you **remember to see** her tomorrow? 내일 그녀를 만나기로 한 거 기억나니?

## 239 **remember V ~ing** ▶ (과거에) ~ 했던 것을 기억하다

- Do you **remember seeing** her? 그녀를 만났던 걸 기억하니?

## 240 **spend** 돈 / 시간**~ing** ▶ ~에 돈/시간을 쓰다

- I **spend** a lot of time commut**ing** to school. 나는 통학하는데 많은 시간을 쓴다.

?

## A 복습하기 1단계 (한국말 예문을 읽어보며 숙어의 뜻을 떠올려보세요.)

1 **for a while** • For a while 자리 좀 비워야겠어. 가게 좀 대신 봐줘.

2 **after a while** • 지금은 많이 따갑겠지만 after a while 점점 괜찮아질 거예요.

3 **catch a cold** • 나 어제 catch a cold 했어. 오늘은 좀 쉬어야 해.

4 **have a cold** • 나 지금 have a cold 라서 근처에 오면 옮을지 몰라.

5 **both A and B** • Both you and I 그녀만큼이나 성실하다.

6 **either A or B** • 둘이 말이 다른 걸 보니 either you or he 가 거짓말을 하고 있는 거야.

7 **neither A nor B** • 아직도 서로에게 화가나있고, neither you nor he 화해하려고 한다.

8 **not A but B** • not 얼마나 오래 사랑했는지 but 얼마나 깊게 사랑했는지가 중요하다.

9 **not only A but also B**

• 권상우는 not only handsome but also muscular 해서 여성들에게 인기가 많다.

10 **B as well as A** • 요즘 예능 프로는 informative as well as interesting 하다.

11 **forget to V** • 연기가 왜 이렇게 안 빠져나가지? 아차! 내가 forget to open the window 했네.

12 **forget V~ing** • 왜 이렇게 춥지? 아차! 내가 forget opening the window했네.

13 **remember to V** • 나갈 때 꼭 remember to lock the door 해. 도둑 들지도 몰라.

14 **remember V ~ing** • 작년 파티에서 remember meeting him 한다.

15 **spend 돈 / 시간 ~ing** • 나는 축구선수가 되기 위해 매일 spend 6 hour playing soccer 한다.

## B 복습하기 2단계 (숙어의 뜻을 써보세요. 뒷장을 접으면 답이 나옵니다.)

1 **for a while**

2 **after a while**

3 **catch a cold**

4 **have a cold**

5 **both A and B**

6 **either A or B**

7 **neither A nor B**

8 **not A but B**

9 **not only A but also B**

10 **B as well as A**

11 **forget to V**

12 **forget V~ing**

13 **remember to V**

14 **remember V ~ing**

15 **spend** 돈 **/** 시간 **~ing**

?

## C 복습하기 3단계 (다음 중 올바른 것을 고르세요.)

| | | | |
|---|---|---|---|
| 1 | 잠시 동안 | □ for a while | □ after a while |
| 2 | 잠시 후에 | □ for a while | □ after a while |
| 3 | 감기에 걸리다 | □ have a runny nose | □ catch a cold |
| 4 | 감기에 걸린 상태다 | □ have a cold | □ put up with |
| 5 | A와 B 둘 다 | □ between A and B | □ both A and B |
| 6 | A 또는 B | □ either A or B | □ not A but B |
| 7 | A도 B도 아닌 | □ either A or B | □ neither A nor B |
| 8 | A가아니라 B | □ both A and B | □ not A but B |
| 9 | A뿐만 아니라 B도 역시 | □ not only A but also B | □ from A to B |
| 10 | A뿐만 아니라 B도 역시 | □ B as well as A | □ neither A nor B |
| 11 | ~할 것을 잊어버리다 | □ forget V~ing | □ forget to V |
| 12 | ~ 했던 것을 잊어버리다 | □ forget V~ing | □ forget to V |
| 13 | ~ 할 것을 기억하다 | □ remember V ~ing | □ remember to V |
| 14 | ~ 했던 것을 기억하다 | □ remember V ~ing | □ remember to V |
| 15 | ~에 돈/시간을 쓰다 | □ spend 돈/시간 ~ing | □ It takes 돈/시간 to V |

# 마이 리틀 테스트

## 4회 (13 ~16 day)

# 마이 리틀 테스트 4회 (13 ~16 day)

1. 알맞은 우리말과 연결하세요.

| | |
|---|---|
| pay back • | • 산책하다 |
| had better • | • ~하는 게 낫다 |
| take a walk • | • 쉬다 |
| take a rest • | • 갚다, 보복하다 |
| dwell in • | • 뒤쫓다 |
| come true • | • 기운을 북돋우다 |
| go away • | • 감기에 걸리다 |
| run after • | • ~에 살다 |
| catch a cold • | • 가버리다, 떠나다 |
| cheer up • | • 실현되다 |

2. 다음 빈칸에 알맞은 말을 〈보기〉에서 골라 적절히 고쳐 쓰세요.

**be tired from / be tired of / say to oneself / go by / be happy with / happen to**

① 그녀에게 무슨 일이 일어나든 신경 쓰지 않는다.

I don't care what ________________ her.

② 나는 결과에 만족한다.

I ________________ the result.

③ 밤새 TV를 봤더니 피곤해.

I ______________watching TV all night.

④ 난 빨래하는 건 싫증난다.

I ________________ doing laundry.

⑤ 진정해, 나는 혼잣말을 했다.

Calm down, I ________________ .

⑥ 시간이 지나면 일이 더 수월해질 것이다.

Things will get easier as time ____________ .

3. 다음 빈칸에 알맞은 보기를 고르시오.

I will never forget ________ EXO.
엑소를 만났던 것을 잊지 못할 것이다.

① see ② to see
③ seeing ④ have seen

4. 다음 빈칸에 알맞은 보기를 고르시오.

Do you remember ________ her tomorrow?
내일 그녀를 만나기로 한 거 기억나니?

① see ② to see
③ seeing ④ have seen

5. 다음 빈칸에 알맞은 보기를 고르시오.

Both he and his brother ________ handsome.
그와 그의 형은 둘 다 잘생겼다.

① am ② are ③ is ④ was

6. 다음 빈칸에 알맞은 보기를 고르시오.

Either you or he ________ to stay here.
너 또는 그가 이곳에 머물러야 한다.

① have ② has ③ to have ④ having

7. 다음 빈칸에 알맞은 보기를 고르시오.

Neither you ____ he plans to attend the class.
너와 그 둘 다 수업에 참석하지 않을 작정이구나.

① and ② but
③ or ④ nor

8. 다음 빈칸에 알맞은 보기를 고르시오.

I did not study English, ____ watched TV. 난 영어 공부하지 않고 TV를 봤다.

① and ② but
③ or ④ nor

9. 다음 빈칸에 알맞은 보기를 고르시오.

He is not only kind ______ clever.
그는 친절할 뿐만 아니라 똑똑하다.

① even though ② because of
③ but also ④ as well as

10. 다음 빈칸에 알맞은 보기를 고르시오.

He is clever ______ kind.
그는 친절할 뿐만 아니라 똑똑하다.

① even though ② because of
③ but also ④ as well as

11. 다음 빈칸에 적절하지 않은 보기를 하나만 고르시오.

I _______ eating ramen everyday.
날마다 라면만 먹는 데 질렸다.

① am fed up with ② am sick of
③ am tired of ④ am tired from

12. 빈칸에 공통으로 들어갈 수 있는 전치사를 고르시오.

Mike is absent ____ school today.
마이크는 오늘 학교 결석했다.

The poor boy stole food ____ the supermarket.
그 가난한 소년은 슈퍼마켓에서 음식을 훔쳤다.

① of ② from ③ into ④ on

13. 다음 밑줄 친 부분과 바꾸어 쓸 수 있는 보기를 고르시오.

We <u>are supposed to</u> meet at 5 P.M.
우리는 저녁 다섯 시에 만나기로 했다.

① are happy with
② have to
③ are scheduled to
④ don't need to

14. 빈칸에 적절한 보기를 고르시오.

I love to watch sports _____ TV at home.
집에서 TV로 스포츠 보는 것을 좋아해.

① of ② from ③ into ④ on

day 17

» 241
255

241 **be busy V~ing**

▶ ~하느라 바쁘다
→ ***be busy*** 뒤에 ***to*** 부정사가 아닌 동명사를 써야 한다.

- He **is busy** do**ing** this work. 그는 이 일을 하느라 바쁘다.

242 **be busy with**

▶ ~로 바쁘다

- He **is busy with** this work. 그는 이 일로 바쁘다.

243 **each of**

▶ ~의 각각, 각자

- **Each of** us is special, because we are all different.
우리 개개인이 특별한 건 우리가 서로 다르기 때문이다.

244 **each other**

▶ 서로

- Do not fight with **each other**. 서로 싸우지 마.

245 **cooperate with**

▶ ~와 협력하다

- They agreed to **cooperate with** each other. 그들은 서로 협력하기로 합의했다.

246 **hold on**

▶ 잠시 기다리다

- **Hold on** a minute while I get my breath back. 내가 숨을 돌릴 때까지 잠깐 기다려.

247 **make money**

▶ 돈을 벌다 = ***earn money***

- He **made money** illegally. 그는 불법적으로 돈을 벌었다.

248 **make a call**

▶ 전화하다

- Do you mind if I **make a call**? 내가 전화해도 괜찮지?

249 **get well** ▶ 병이 낫다, 회복하다 = ***recover***

- I hope you will **get well** again. 다시 회복되시기를 바래요.

250 **hurry up** ▶ 서두르다

- **Hurry up**, and you will be in time. 서둘러라, 그러면 늦지 않게 도착할 것이다.

251 **out of shape** ▶ 건강이 안 좋은

- You really must be **out of shape**. 너 정말 건강이 안 좋은 것 같아.

252 **be divided into** ▶ ~로 나누어져있다

비교 / ***divide A into B*** A를 B로 나누다

- The book **is divided into** five chapters. 그 책은 5개의 챕터로 나누어져 있다.

day 17

253 **as you know** ▶ 너도 알다시피

- **As you know**, Everest is the world's highest mountain.
너도 알다시피, 에베레스트 산은 세상에서 가장 높은 산이야.

254 **on edge** ▶ 초조하여, 불안하여 = ***nervous, anxious***

- I'm a little bit **on edge**. 나 좀 불안해요.

255 **go abroad** ▶ 외국[해외]에 가다

- I **went abroad** to study English. 나는 영어를 공부하기 위해 외국에 갔다.

?

## A 복습하기 1단계 (한국말 예문을 읽어보며 숙어의 뜻을 떠올려보세요.)

1 **be busy V~ing** • 월드컵 때문에 많은 사람들이 be busy watching TV 하고 치킨 집은 배달이 밀려 더욱 바쁘다.

2 **be busy with** • 나는 다음 주에 시험이 있어서 be busy with my study 해. 놀러 갈 상황이 아니야.

3 **each of** • 그는 each of us 에게 다른 선물을 준비해왔다.

4 **each other** • 철수와 영희는 each other 정말 사랑했다.

5 **cooperate with** • 우리가 승리하기 위해선 서로 cooperate with 해야 합니다. 혼자서는 해낼 수 없는 일이에요.

6 **hold on** • Hold on! 나 화장실 좀 다녀올게.

7 **make money** • 일을 하는 주된 이유는 make money하기 위해서이다.

8 **make a call** • 혼자 계실 어머니가 걱정되어 make a call 했다.

9 **get well** • 걱정하지 마. 치료받으면 금방 get well 할거야.

10 **hurry up** • Hurry up, 안 그러면 학교 버스 놓치겠다.

11 **out of shape** • 나 요즘 out of shape 한거 같아. 보약이라도 지어 먹어야 할까봐.

12 **be divided into** • 우리나라가 두 개로 be divided into 는 것은 정말 슬픈 일이다.

13 **as you know** • As you know, 강아지는 네 말을 못 알아들어.

14 **on edge** • 아버지께 거짓말한 것이 들통 나버렸고 지금 난 아버지가 화를 내실까봐 on edge한 상태이다.

15 **go abroad** • 나는 경상도 토박이다. 한번도 go abroad 해보지 못했고 심지어 경상도를 벗어나 본적도 없다.

## B 복습하기 2단계 (숙어의 뜻을 써보세요. 뒷장을 접으면 답이 나옵니다.)

1 **be busy V~ing**

2 **be busy with**

3 **each of**

4 **each other**

5 **cooperate with**

6 **hold on**

7 **make money**

8 **make a call**

9 **get well**

10 **hurry up**

11 **out of shape**

12 **be divided into**

13 **as you know**

14 **on edge**

15 **go abroad**

## C 복습하기 3단계 (다음 중 올바른 것을 고르세요.)

| | | | |
|---|---|---|---|
| 1 | ~ 하느라 바쁘다 | □ be busy V~ing | □ be worth V~ing |
| 2 | ~로 바쁘다 | □ derive from | □ be busy with |
| 3 | ~의 각각, 각자 | □ be capable of | □ each of |
| 4 | 서로 | □ each other | □ no matter |
| 5 | ~와 협력하다 | □ cooperate with | □ interfere in[with] |
| 6 | 잠시 기다리다 | □ be fond of | □ hold on |
| 7 | 돈을 벌다 | □ make money | □ cut down on |
| 8 | 전화하다 | □ ask for | □ make a call |
| 9 | 병이 낫다, 회복하다 | □ get well | □ put out |
| 10 | 서두르다 | □ hurry up | □ dispense with |
| 11 | 건강이 안 좋은 | □ most of all | □ out of shape |
| 12 | ~로 나누어져있다 | □ be covered with | □ be divided into |
| 13 | 너도 알다시피 | □ as you know | □ be different from |
| 14 | 초조하여, 불안하여 | □ on time | □ on edge |
| 15 | 외국[해외]에 가다 | □ pass out | □ go abroad |

day
18

» 256
270

## 256 far from

▶ ① ~로부터 먼 ② 결코 ~이 아닌

- I don't live very **far from** here. 난 여기서 너무 먼 곳에 살지는 않아요.
- It is **far from** clear what he said. 그가 말한 것은 전혀 분명하지 않다.

## 257 here and there

▶ 여기저기에

- Trash were scattered **here and there**. 쓰레기가 여기저기 흩어져있다.

## 258 once upon a time

▶ 옛날에 = *a long time ago*

- **Once upon a time**, there was a magical sword. 아주 오래 전에 마법의 검이 있었습니다.

## 259 draw up

▶ (문서 등을) 작성하다

- He asked me to **draw up** the contract. 그는 나에게 계약서를 작성해 달라고 요청했다.

## 260 break down

▶ 고장 나다

- My car **broke down** yesterday. 어제 내 차가 고장 났어.

## 261 break out

▶ 발생[발발]하다

- The fire **broke out** in a small store. 화재가 작은 가게에서 발생했다.

## 262 stand in line

▶ 줄을 서다 = *line up*

- We must **stand in line** at a bus stop. 우리는 버스 정류장에서 한 줄로 서야 한다.

## 263 cut in line

▶ 새치기하다

- Somebody tried to **cut in line** and a fight broke out.
  어떤 사람이 새치기 하려고 해서 싸움이 났다.

## 264 from now on

▶ 지금부터 (계속)

- **From now on**, don't touch my cell phone. 지금부터, 내 핸드폰에 손대지 말아줘

## 265 so far

▶ 지금까지

비교 / ***from now on*** 지금부터 (계속)

- **So far** so good. 지금까지는 잘되고 있다.

## 266 drop by

▶ 들르다 = ***stop by, come by***

- I'll **drop by** your house tomorrow. 내일 당신 댁에 들르겠습니다.

## 267 shake hands with

▶ ~와 악수하다

- He **shook hands with** the fans. 그는 팬들과 악수했다.

## 268 be crowded with

▶ ~로 붐비다

- Jejudo **is crowded with** tourists. 제주도는 관광객들로 붐빈다.

## 269 in danger

▶ 위험에 빠진

비교 / ***in trouble*** 곤경에 빠져서, ***in silence*** 조용히, 말없이

- There are many species of animals **in danger**. 위험에 처한 동물들이 여러 종 있다.

## 270 keep in touch with

▶ ~와 계속 연락하고 지내다

- I still **keep in touch with** my ex-girl friend.
  난 여전히 전 여자 친구와 연락하고 지냅니다.

day 18

?

## A 복습하기 1단계 (한국말 예문을 읽어보며 숙어의 뜻을 떠올려보세요.)

1 **far from** • ① 우리 집은 far from my school 해서 버스로 한 시간이 넘게 걸린다.
② 이 게임은 far from doing harm 하며, 오히려 스트레스 해소에 도움이 된다.

2 **here and there** • Here and there 꽃들이 피어있다.

3 **once upon a time** • Once upon a time, 토끼와 거북이가 살았어요.

4 **draw up** • 좀 더 간결하게 다시 보고서를 draw up하게!

5 **break down** • 죄송합니다. 갑자기 제 차가 break down 해서 늦었습니다.

6 **break out** • 제2차 세계 대전은 1939년에 break out했다.

7 **stand in line** • 사람들이 표를 사기 위해 stand in line 하고 있다.

8 **cut in line** • Cut in line 하지 마세요. 뒤에 줄 서있는 거 안보입니까?

9 **from now on** • From now on, 저는 거짓말을 하지 않을 거예요.

10 **so far** • So far 내가 해온 일들이 자랑스럽다.

11 **drop by** • 출근하는 길에 너희 집에 잠시 drop by 할게.

12 **shake hands with** • 강동원이랑 shake hands with 했어. 이 손 씻지 않을 테야.

13 **be crowded with** • 시내는 너무 많은 사람들로 be crowded with 하니 좀 한적한 곳에서 보자.

14 **in danger** • 그녀는 지금 in danger 상태야, 빨리 구해야 해.

15 **keep in touch with** • 넌 아직 초등학교 친구들과 keep in touch with 하니?

## B 복습하기 2단계 (숙어의 뜻을  써보세요. 뒷장을 접으면 답이 나옵니다.)

1 **far from**

2 **here and there**

3 **once upon a time**

4 **draw up**

5 **break down**

6 **break out**

7 **stand in line**

8 **cut in line**

9 **from now on**

10 **so far**

11 **drop by**

12 **shake hands with**

13 **be crowded with**

14 **in danger**

15 **keep in touch with**

## C 복습하기 3단계 (다음 중 올바른 것을 고르세요.)

| | | |
|---|---|---|
| 1 ① ~로부터 먼<br>② 결코 ~이 아닌 | □ be made from | □ far from |
| 2 여기저기에] | □ here and there | □ neck and neck |
| 3 옛날에 | □ in the back of | □ once upon a time |
| 4 (문서 등을) 작성하다 | □ bring up | □ draw up |
| 5 고장 나다 | □ tear down | □ break down |
| 6 발생[발발]하다 | □ break out | □ put on |
| 7 줄을 서다 | □ stand in line | □ try on |
| 8 새치기하다 | □ go out | □ cut in line |
| 9 지금부터 (계속) | □ from now on | □ above all |
| 10 지금까지 | □ so far | □ after all |
| 11 들르다 | □ abide by | □ drop by |
| 12 ~와 악수하다 | □ shake hands with | □ be covered with |
| 13 ~로 붐비다 | □ be based on | □ be crowded with |
| 14 위험에 빠진 | □ in addition | □ in danger |
| 15 ~와 계속 연락하고 지내다 | □ keep in touch with | □ be satisfied with |

day
19

» 271
285

271 **as soon as** ▶ ~하자마자

- **As soon as** he arrived home, it began to rain. 그가 집에 도착하자마자 비가 오기 시작했다.

272 **as soon as possible** ▶ 가능한 빨리

- Finish the work **as soon as possible**. 가능한 빨리 그 일을 끝내라.

273 **see a doctor** ▶ 진찰을 받다 = *go to a doctor*

- You really need to **see a doctor**. 넌 정말 진찰 좀 받아야돼.

274 **get better** ▶ 더 좋아지다, (병 등이) 회복되다

- I hope you'll **get better** soon. 곧 회복하시기를 바랍니다.

275 **get worse** ▶ 더 나빠지다, 악화되다

- If the symptoms **get worse**, see a doctor. 만약 그 증상이 더 나빠지면 진찰을 받아봐.

276 **to make matters worse** ▶ 설상가상으로[엎친 데 덮친 격으로]

- **To make matters worse**, it started to rain. 엎친 데 덮친 격으로 비까지 오기 시작했다.

277 **give away** ▶ 거저주다[공짜로 주다], 기부하다

비교 / ***give up*** 포기하다

- The restaurant **gives away** free desserts. 그 식당은 디저트를 무료로 준다.

278 **give back** ▶ 되돌려주다

- I **gave back** the book to him yesterday. 그 책 어제 그에게 되돌려줬어.

279 **give in** ▶ ① 굴복하다 ② 제출하다 = ***surrender*** 항복하다, ***yield*** 양보, 굴복하다

- I don't want to **give in** to someone like him. 그런 사람에게는 굴복하기 싫다.
- **Give in** your examination papers. 시험지를 제출하세요.

280 **according to** ▶ ~에 따르면

- Just do it **according to** the plan. 계획에 따라서만 행동해라.

281 **on and on** ▶ 계속해서

- He ran **on and on** until he was tired out. 그는 지쳐 쓰러질 때까지 계속해서 달렸다.

282 **go on** ▶ 계속되다, 계속해서 ~하다 = ***continue***

- The fight **went on**. 싸움은 계속 되었다.

283 **at noon** ▶ 정오에

비교 / ***at night*** 밤에, ***at midnight*** 자정에

- I usually have lunch **at noon**. 나는 보통 정오에 점심을 먹는다.

284 **in the morning** ▶ 아침에

비교 / ***in the afternoon*** 오후에, ***in the evening*** 저녁에

- It's little cold **in the morning** these days. 요새 아침에는 좀 쌀쌀하네요.

285 **keep ... in mind** ▶ 명심하다

- You have to **keep** my advice **in mind**. 너는 나의 충고를 명심해야 한다.

?

## A 복습하기 1단계 (한국말 예문을 읽어보며 숙어의 뜻을 떠올려보세요.)

1 **as soon as** • As soon as I took a taxi, 버스가 왔다.

2 **as soon as possible** • 어머니가 편찮으셔서 as soon as possible 나는 집에 돌아가야 해.

3 **see a doctor** • 안색이 안 좋아 보이네. see a doctor 하는 게 어때?

4 **get better** • 제 영어 실력이 빨리 get better 했으면 좋겠어요.

5 **get worse** • 치료를 안 하면 네 병은 점점 get worse할거야.

6 **to make matters worse** • 길을 잃었는데 to make matters worse 핸드폰까지 잃어버렸다.

7 **give away** • 난 평생 모은 돈을 자선단체에 give away 할 계획이야.

8 **give back** • 정후가 내 자전거를 가져갔는데 give back하려고 하질 않아.

9 **give in** • ① 무서워도 절대 give in to fear 하지 마라.
② 다들 숙제를 give in 하세요.

10 **according to** • 친구들 말에 according to 하면, 이 영화 정말 재밌데.

11 **on and on** • 버스도 끊기도 택시비도 없어서 나는on and on 걸어갔다.

12 **go on** • 소음이 며칠째 go on 되었다.

13 **at noon** • 은행은 토요일엔 at noon 문을 닫아요.

14 **in the morning** • In the morning 일어나는 건 너무 힘들어.

15 **keep ... in mind** • 내가 말한 것을 꼭 keep in mind 해라.

## B 복습하기 2단계 (숙어의 뜻을 써보세요. 뒷장을 접으면 답이 나옵니다.)

1 **as soon as**

2 **as soon as possible**

3 **see a doctor**

4 **get better**

5 **get worse**

6 **to make matters worse**

7 **give away**

8 **give back**

9 **give in**

10 **according to**

11 **on and on**

12 **go on**

13 **at noon**

14 **in the morning**

15 **keep ... in mind**

## C 복습하기 3단계 (다음 중 올바른 것을 고르세요.)

| | | | |
|---|---|---|---|
| 1 | ~하자마자 | □ as soon as | □ such as |
| 2 | 가능한 빨리 | □ next to impossible | □ as soon as possible |
| 3 | 진찰을 받다 | □ see a doctor | □ see eye to eye |
| 4 | 더 좋아지다, 회복되다 | □ go blind | □ get better |
| 5 | 더 나빠지다, 악화되다 | □ get worse | □ come true |
| 6 | 설상가상으로 | □ to tell the truth | □ to make matters worse |
| 7 | 거저주다, 기부하다 | □ give away | □ put on |
| 8 | 되돌려주다 | □ give back | □ take off |
| 9 | ① 굴복하다<br>② 제출하다 | □ give up | □ give in |
| 10 | ~에 따르면 | □ due to | □ according to |
| 11 | 계속해서 | □ on and on | □ as soon as |
| 12 | 계속되다 | □ carry out | □ go on |
| 13 | 정오에 | □ at home | □ at noon |
| 14 | 아침에 | □ in the morning | □ in the end |
| 15 | 명심하다 | □ not ... at all | □ keep ... in mind |

day
20

» 286
300

286 **stand for**
▶ 나타내다, 상징하다, 지지하다
= ***represent, symbolize*** 나타내다, 상징하다, ***support*** 지지하다

▪ I don't know what that signal **stands for.** 난 저 신호가 무엇을 나타내는지 모른다.

287 **cut out**
▶ 잘라내다, 오려내다 = ***cut off***

▪ I **cut out** a coupon from the magazine. 나는 잡지에서 쿠폰을 오려냈다.

288 **be cut out for**
▶ ~에 딱 맞다, 적합하다 = ***be suitable for***

▪ I **am cut out for** English teacher. 나는 영어 선생에 딱 맞다.

289 **at first hand**
▶ 직접적으로 = ***directly***

▪ I heard the news **at first hand.** 나는 직접 그 소식을 들었다.

290 **at second hand**
▶ 간접적으로 = ***indirectly***

비교 / ***second hand*** 중고로

▪ We learn **at second hand** from books. 우리는 책으로부터 간접적으로 배운다.

291 **take place**
▶ (사건 등이) 일어나다, (행사 등이) 열리다
= ***happen*** 일어나다, ***be held*** 열리다

▪ The festival **takes place** in May. 그 축제는 5월에 개최된다.

292 **consist of**
▶ ~로 이루어지다[구성되다] = ***be made up of, be composed of***

▪ The team **consists of** 11 members. 그 팀은 11명으로 구성되어있다.

293 **consist in**
▶ ~에 있다

▪ Happiness **consists in** contentment. 행복은 만족에 있다.

## 294 take it easy
▶ 마음을 느긋하게 먹다, 진정하다

- **Take it easy.** 마음 편하게 먹어.

## 295 put off V~ing
▶ 미루다, 연기하다 = *delay, defer, postpone*

- She **put off** do**ing** her homework. 그녀는 숙제하는 일을 뒤로 미뤘다.

## 296 get to N
▶ ~에 도착하다 = *arrive at[in], reach*

비교 / ***get to V*** ~하게 되다

- How can I **get to** the post office? 우체국에 어떻게 가면 되나요?

## 297 get over
▶ ① ~을 넘어가다 ② ~을 극복하다 = *overcome*

- The horse is trying to **get over** the fence. 그 말은 울타리를 넘으려고 하고 있다.
- You can **get over** this crisis. 넌 이 위기를 극복할 수 있을 거야.

## 298 call it a day
▶ ~을 그만하기로 하다

- **Let's call it a day.** 오늘은 이만 마칩시다.

day 20

## 299 count on
▶ ~을 믿다

- I'm **counting on** you to help me. 네가 날 도와주리라고 믿어.

## 300 take after
▶ ~을 닮다 = *look like, resemble*

- I **take after** my father. 나는 아버지를 닮았어요.

?

## A 복습하기 1단계 (한국말 예문을 읽어보며 숙어의 뜻을 떠올려보세요.)

1 **stand for** • 요즘이 애들이 말하는 '넘사벽'은 무엇을 stand for 하는 말이니?

2 **cut out** • 나는 잡지에서 예쁜 모델 사진을 cut out 했다.

3 **be cut out for** • 정의감이 넘치는 그는 경찰 일에 be cut out for하다.

4 **at first hand** • 내 할아버지는 전쟁을 at first hand 겪었다.

5 **at second hand** • 그녀의 소식을 다른 사람을 통하여 at second hand 들었다.

6 **take place** • 올림픽은 4년마다 take place 한다.

7 **consist of** • 한 반은 25명의 학생으로 consist of 하다.

8 **consist in** • 그 도시의 아름다움은 그곳의 오래되고 독특한 건물 들에 consist in 하다.

9 **take it easy** • 괜찮아. take it easy 하세요. 서두를 필요 없어요.

10 **put off V~ing** • 그는 일이 많아서 put off eating lunch 해야만 했다.

11 **get to N** • Get to City Hall 하는 가장 빠른 방법이 뭐죠?

12 **get over** • ① 도둑이 남의 집 담장을 get over 하고 있다.
② 나는 지금의 어려움을 의지력으로 get over 할 것이다.

13 **call it a day** • 날도 저물었는데 call it a day 합시다.

14 **count on** • 다시는 널 실망시키지 않을게. 이번에는 날 count on해도 돼.

15 **take after** • 그녀는 엄마를 쏙 take after 했다.

## B 복습하기 2단계 (숙어의 뜻을 써보세요. 뒷장을 접으면 답이 나옵니다.)

1 **stand for**

2 **cut out**

3 **be cut out for**

4 **at first hand**

5 **at second hand**

6 **take place**

7 **consist of**

8 **consist in**

9 **take it easy**

10 **put off V~ing**

11 **get to N**

12 **get over**

13 **call it a day**

14 **count on**

15 **take after**

?

## C 복습하기 3단계 (다음 중 올바른 것을 고르세요.)

| | | | |
|---|---|---|---|
| 1 | 나타내다, 상징하다, 지지하다 | □ stand for | □ stand up |
| 2 | 잘라내다, 오려내다 | □ eat out | □ cut out |
| 3 | ~에 딱 맞다, 적합하다 | □ get rid of | □ be cut out for |
| 4 | 직접적으로 | □ at first hand | □ at second hand |
| 5 | 간접적으로 | □ at first hand | □ at second hand |
| 6 | 일어나다, 열리다 | □ take ~ into account | □ take place |
| 7 | ~로 구성되다 | □ consist in | □ consist of |
| 8 | ~에 있다 | □ consist in | □ consist of |
| 9 | 마음을 느긋하게 먹다 | □ take an exam | □ take it easy |
| 10 | 미루다, 연기하다 | □ be used to V~ing | □ put off V~ing |
| 11 | ~에 도착하다 | □ get to N | □ due to N |
| 12 | ① ~을 넘어가다<br>② ~을 극복하다 | □ go through | □ get over |
| 13 | ~을 그만하기로 하다 | □ lose one's sight | □ call it a day |
| 14 | ~을 믿다 | □ count on | □ concentrate on |
| 15 | ~을 닮다 | □ take after | □ name after |

# 마이 리틀 테스트

## 5회 (17 ~20 day)

# 마이 리틀 테스트 5회 (17 ~20 day)

1. 알맞은 우리말과 연결하세요.

| | |
|---|---|
| stand for • | • 잘라내다 |
| take place • | • 나타내다 |
| cut out • | • 일어나다 |
| see a doctor • | • 더 나빠지다 |
| get worse • | • 진찰을 받다 |
| give away • | • 새치기하다 |
| give up • | • 공짜로 주다 |
| give back • | • 외국에 가다 |
| cut in line • | • 포기하다 |
| go abroad • | • 되돌려주다 |

2. 다음 빈칸에 알맞은 말을 〈보기〉에서 골라 적절히 고쳐 쓰세요.

**go on / draw up / break out / break down / give back / get better**

① 싸움은 계속 되었다.

The fight ________________.

② 어제 내 차가 고장 났어.

My car ______________ yesterday.

③ 화재가 작은 가게에서 발생했다.

The fire _____________in a small store.

④ 곧 회복하시기를 바랍니다.

I hope you'll _______________ soon.

⑤ 그 책 어제 그에게 되돌려줬어.

I ________________ the book to him yesterda

⑥ 그는 나에게 계약서를 작성해 달라고 요청했다.

He asked me to ________________ the contra

3. 다음 밑줄 친 부분과 바꾸어 쓸 수 있는 보기를 고르시오.

I <u>am cut out for</u> English teacher.

① am busy with
② am suitable for
③ am sick of
④ am fed up with

4. 다음 밑줄 친 부분과 바꾸어 쓸 수 있는 보기를 고르시오.

We learn <u>at second hand</u> from books.

① friendly ② hardly
③ directly ④ indirectly

5. 빈칸에 알맞은 전치사를 고르시오.

The team consists ______ 11 members. 그 팀은 11명으로 구성되어있다.

① of ② in ③ on ④ with

6. 빈칸에 알맞은 전치사를 고르시오.

Happiness consists _________ contentment. 행복은 만족에 있다.

① of ② in ③ on ④ with

**7. 빈칸에 알맞은 전치사를 고르시오.**

Hold ____ a minute while I get my breath back.
내가 숨을 돌릴 때까지 잠깐 기다려.

① of ② in ③ on ④ with

**8. 빈칸에 알맞은 전치사를 고르시오.**

They agreed to cooperate ______ each other.
그들은 서로 협력하기로 합의했다.

① of ② in ③ on ④ with

**9. 다음 문장에서 밑줄 친 take after의 동의어를 고르시오.**

I <u>take after</u> my father.

① resemble ② recover
③ respect ④ require

**10. 다음 문장에서 밑줄 친 get over 의 동의어를 고르시오.**

You can <u>get over</u> this crisis.

① underline ② undergo
③ overcome ④ overlook

**11. 다음 문장에서 밑줄 친 put off 의 동의어가 <u>아닌</u> 것을 하나 고르시오.**

She <u>put off</u> doing her homework.

① defer ② delay
③ extinguish ④ postpone

**12. 다음 문장에서 count on의 의미로 알맞은 것을 고르시오.**

Few people can <u>count on</u> having a job for life.

① 계산하다 ② 의심하다
③ 믿다 ④ 거절하다

**13. 다음 문장에서 give in의 의미로 알맞은 것을 고르시오.**

I don't want to <u>give in</u> to someone like him.

① 굴복하다 ② 제출하다
③ 동의하다 ④ 시작하다

**14. 다음 문장에서 give in의 의미로 알맞은 것을 고르시오.**

<u>Give in</u> your examination papers.

① 굴복하다 ② 제출하다
③ 동의하다 ④ 시작하다

**15. 다음 빈칸에 알맞은 보기를 고르시오.**

He is busy __________ this work.
그는 이 일을 하느라 바쁘다.

① do ② to do ③ doing ④ done

day
21

» 301
315

## 301 before long
▶ 머지않아, 곧 = *soon*

■ She is going to miss me **before long.** 그녀는 머지않아 날 그리워할 거야.

## 302 for sure
▶ 틀림없이, 확실히 = *surely, certainly*

■ Actress Kim Tae-hee is pretty, that's **for sure.** 배우 김태희는 예뻐, 그건 확실해.

## 303 add A to B
▶ B에 A를 더하다

■ **Add** salt **to** the soup. 수프에 소금을 넣어.

## 304 call off
▶ 취소하다 = *cancel*

■ I didn't **call off** my appointment, I just postponed it.
난 약속을 취소한 게 아니라 연기한 것뿐이에요.

## 305 keep one's fingers crossed
▶ 행운을 빌다 = *wish ~ good luck*

■ Please **keep your fingers crossed** for me. 내게 행운을 빌어 줘.

## 306 take the place of
▶ ~을 대체[대신]하다 = *replace*

■ No one can **take the place of** my mother. 아무도 나의 어머니를 대신할 수 없다.

## 307 set ... free
▶ 풀어주다, 자유롭게 하다

■ I **set** the bird **free** from the cage. 난 새장에서 새를 풀어주었다.

## 308 be free from
▶ ~이 없다

■ No one **is free from** fault. 결점이 없는 사람은 없다.

309 **take advantage of** ▶ ① 이용하다 ② 이용해먹다, 착취하다

- Don't **take advantage of** others' weakness. 남의 약점을 이용하지 마라.

310 **call out** ▶ 부르다[호출하다]

- I **called out** an engineer to fix the computer. 나는 컴퓨터를 고칠 기술자를 불렀다.

311 **settle in** ▶ 정착하다, 자리 잡다, 적응하다

- I took a long time to **settle in** my new school. 나는 새 학교에 적응하는 데 오랜 시간이 걸렸다.

312 **settle down** ▶ 진정시키다, 진정하다

- He'll **settle down** before long. 그는 곧 진정할거야.

313 **calm down** ▶ 진정시키다, 진정하다

- Please **calm down** and listen to me. 진정하시고 제 말 좀 들어 보세요.

314 **succeed in** ▶ ~에 성공하다

비교 / ***fail in*** ~에 실패하다, ***succeed to N*** ~을 계승하다

- To **succeed in** business, you must be confident. 사업에 성공하려면, 자신감이 있어야해.

315 **succeed to N** ▶ ~을 계승하다

- Queen Elizabeth **succeeded to** the throne in 1952.
  엘리자베스 여왕은 1952년에 왕위를 계승했다.

## A 복습하기 1단계 (한국말 예문을 읽어보며 숙어의 뜻을 떠올려보세요.)

1 **before long** • 시크한척 떠났지만 그는 before long 내게 전화 할 거야.

2 **for sure** • 타블로는 가사 쓰는데 천재인거 같아. That's for sure.

3 **add A to B** • 애미야. 국이 짜다. add more salt to the soup 하는 건 좋은 생각이 아닌 거 같다.

4 **call off** • 급한 일이 생겨서 죄송하지만 내일 약속을 call off 해야겠어요.

5 **keep one's fingers crossed** • 너의 새로운 사업이 잘되라고 keep my fingers crossed할게.

6 **take the place of** • 반장이 몸이 아파서 부득이하게 그를 take the place of 할 사람을 뽑아야 한다.

7 **set ... free** • 노예 제도를 없애고 set a slave free 하였다.

8 **be free from** • 그는 늘 천하태평이다. 걱정 따윈 be free from 하다.

9 **take advantage of** • 그 악덕 사장은 종업원들을 take advantage of 하려고만 했다.

10 **call out** • 고뤠? 내가 못 고치겠지? 전문가 call out 해야 돼..

11 **settle in** • 친척들은 내가 호주에 settle in 할 수 있게 도와줬다.

12 **settle down** • 심사평이 있겠습니다. 관객여러분 흥분을 가라앉히고 잠시 settle down 해주세요.

13 **calm down** • 아들이 행방불명되었는데 내가 지금 calm down 하게 생겼어요?

14 **succeed in** • 그는 언젠가 분명 사업에 succeed in 할 것 같다.

15 **succeed to N** • 엘리자베스 여왕은 1952년에 왕위를 succeed to 했다.

## B 복습하기 2단계 (숙어의 뜻을 써보세요. 뒷장을 접으면 답이 나옵니다.)

1 **before long**

2 **for sure**

3 **add A to B**

4 **call off**

5 **keep one's fingers crossed**

6 **take the place of**

7 **set ... free**

8 **be free from**

9 **take advantage of**

10 **call out**

11 **settle in**

12 **settle down**

13 **calm down**

14 **succeed in**

15 **succeed to N**

## C 복습하기 3단계 (다음 중 올바른 것을 고르세요.)

| | | | |
|---|---|---|---|
| 1 | 머지않아, 곧 | □ before long | □ look like |
| 2 | 틀림없이, 확실히 | □ at least | □ for sure |
| 3 | B에 A를 더하다 | □ add A to B | □ prefer A to B |
| 4 | 취소하다 | □ call off | □ take place |
| 5 | 행운을 빌다 | □ get along with | □ keep one's fingers crossed |
| 6 | ~을 대체[대신]하다 | □ take the place of | □ take care of |
| 7 | 풀어주다, 자유롭게 하다 | □ set ... free | □ keep ... in mind |
| 8 | ~이 없다 | □ be made of | □ be free from |
| 9 | ① 이용하다 ② 이용해먹다 | □ take part in | □ take advantage of |
| 10 | 부르다[호출하다] | □ call out | □ call it a day |
| 11 | 정착하다, 적응하다 | □ take after | □ settle in |
| 12 | 진정시키다, 진정하다 | □ abide in | □ settle down |
| 13 | 진정시키다, 진정하다 | □ calm down | □ count on |
| 14 | ~에 성공하다 | □ agree with | □ succeed in |
| 15 | ~을 계승하다 | □ succeed to | □ get over |

day
22

» 316
330

## 316 long for
▶ ~을 간절히 바라다 = *desire, aspire, crave*

- People **long for** peace. 사람들은 평화를 간절히 바란다.

## 317 be eager for
▶ ~을 간절히 바라다

- I **am eager for** success. 나는 성공을 간절히 바란다.

## 318 be anxious for
▶ ~을 간절히 바라다

- I **am anxious for** working with her. 난 그녀와 함께 일하는 걸 간절히 원합니다.

## 319 be anxious about
▶ ~에 대해 걱정[염려]하다

- My father **is anxious about** my safety. 내 아버지는 내 안전을 걱정한다.

## 320 care about
▶ 걱정하다 = *worry about, be worried about*

- Don't **care about** me. I'll be fine. 나를 걱정하지 마. 난 괜찮아 질 거야.

## 321 care for
▶ ① 돌보다 = *take care of, look after* ② 좋아하다

비교 / ***care about*** 걱정하다

- He **cared for** his elderly parents. 그는 연로한 부모님을 보살폈다.
- He **cares for** his friends. 그는 그의 친구들을 좋아한다.

## 322 be curious about
▶ ~에 대해 궁금해 하다

- That is what I **am curious about**. 그것이 내가 궁금해 했던거야.

## 323 wonder about
▶ ~에 대해 궁금해 하다

- I'm starting to **wonder about** you. 난 너에 대해 궁금해지기 시작했어.

## 324 no wonder ▶ ~은 당연하다, 놀랄 것도 없다

- She's a vegetarian and **no wonder** she's skinny.
  그녀는 채식주의자이기 때문에 날씬한 것은 당연하다.

## 325 do A a favor ▶ A의 부탁을 들어주다[호의를 베풀다]

- Will you **do me a favor**? 내 부탁 하나 들어주겠니?

## 326 cannot help V~ing ▶ ~ 하지 않을 수 없다

- I **cannot help** laugh**ing**. 나는 웃지 않을 수 없다.

## 327 cannot but V ▶ ~ 하지 않을 수 없다

- I **cannot but** laugh. 나는 웃지 않을 수 없다.

## 328 for instance ▶ 예를 들어 = *for example*

- I like flowers, **for instance**, roses. 난 예를 들면 장미 같은 꽃을 좋아해.

## 329 in addition ▶ 게다가 = *besides, moreover*

- Ross is kind. **In addition**, he is handsome. 로스는 착하고 게다가 잘생겼다.

## 330 even though ▶ (비록) ~일지라도 = *even if*

- I do not mind **even though** you don't believe me.
  비록 네가 날 믿지 않는다 하더라도 신경 쓰지 않아.

## A 복습하기 1단계 (한국말 예문을 읽어보며 숙어의 뜻을 떠올려보세요.)

1 **long for** • 집에서 나와 살다 보니 어머니의 된장찌개를 더욱 long for 하게 된다.

2 **be eager for** • 성공을 be eager for 한다면, 지금 열심히 공부해야 한다.

3 **be anxious for** • 그녀가 다시 돌아오기를 be anxious for 한다.

4 **be anxious about** • 그는 공부를 많이 못해서 내일 시험에 대해 be anxious about 했다.

5 **care about** • 난 요즘 네 건강이 care about 되는구나. 약은 잘 챙겨 먹고 있는 거니?

6 **care for** • ① 아들이 아프자 어머니는 밤낮으로 아들을 care for 했다.
② 그녀는 고양이 보다 강아지를 care for한다.

7 **be curious about** • 아기들은 주변의 모든 것에 be curious about 하다.

8 **wonder about** • 난 우주에 대해 wonder about 해서 우주비행사가 꿈이다.

9 **no wonder** • 일이 너무 많았기 때문에 그가 스트레스를 받고 있는 건 no wonder하다.

10 **do A a favor** • 저번에 내가 도와줬으니 이번엔 네가 do me a favor 해줘.

11 **cannot help V~ing** • 그 영화는 너무 슬퍼서 cannot help crying 했다.

12 **cannot but V** • 웃는 게 너무 예뻐서 그녀를 cannot but love 하다.

13 **for instance** • 난 for instance 초콜릿 같은 단것을 좋아해.

14 **in addition** • 날씨가 잔뜩 흐렸고in addition 바람까지 불었다.

15 **even though** • Even though he was born in Japan, 그는 한국인이다.

## B 복습하기 2단계 (숙어의 뜻을 써보세요. 뒷장을 접으면 답이 나옵니다.)

1 **long for**

2 **be eager for**

3 **be anxious for**

4 **be anxious about**

5 **care about**

6 **care for**

7 **be curious about**

8 **wonder about**

9 **no wonder**

10 **do A a favor**

11 **cannot help V~ing**

12 **cannot but V**

13 **for instance**

14 **in addition**

15 **even though**

## C 복습하기 3단계 (다음 중 올바른 것을 고르세요.)

| | | | |
|---|---|---|---|
| 1 | ~을 간절히 바라다 | □ pay attention to | □ long for |
| 2 | ~을 간절히 바라다 | □ be eager for | □ take the place of |
| 3 | ~을 간절히 바라다 | □ be anxious for | □ be anxious about |
| 4 | ~에 대해 걱정하다 | □ be anxious for | □ be anxious about |
| 5 | 걱정하다 | □ settle in | □ care about |
| 6 | ① 돌보다<br>② 좋아하다 | □ care for | □ call off |
| 7 | ~에 대해 궁금해 하다 | □ be curious about | □ be free from |
| 8 | ~에 대해 궁금해 하다 | □ wonder about | □ succeed in |
| 9 | ~은 당연하다 | □ calm down | □ no wonder |
| 10 | A의 부탁을 들어주다 | □ see A off | □ do A a favor |
| 11 | ~하지 않을 수 없다 | □ feel like V~ing | □ cannot help V~ing |
| 12 | ~하지 않을 수 없다 | □ cannot but V | □ fail to V |
| 13 | 예를 들어 | □ for instance | □ for sure |
| 14 | 게다가 | □ before long | □ in addition |
| 15 | (비록) …일지라도 | □ first of all | □ even though |

day 23

» 331
345

### 331 feel like V~ing
▶ ~ 하고 싶다

- I **feel like** eating alone today. 오늘은 혼자 밥 먹고 싶다.

### 332 in public
▶ 공개적으로

- Her boyfriend proposed to her **in public**. 남자친구가 그녀에게 공개적으로 프러포즈했대.

### 333 make an effort
▶ 노력하다

- You have to **make an effort** to be happy. 하지만 행복해지기 위해서는 노력을 해야 합니다.

### 334 see ... off
▶ 배웅하다

- I went to the airport to **see** her **off**. 나는 그녀를 배웅하러 공항에 갔었다.

### 335 first of all
▶ 무엇보다도, 제일 먼저 = ***above all, most of all***

- **First of all**, I've met many good people. 무엇보다도, 저는 많은 좋은 사람들을 만났습니다.

### 336 over and over
▶ 여러 번, 반복해서 = ***again and again, repeatedly***

- I've warned you **over and over** again. 나는 네게 여러 번 경고했었다.

### 337 fail to V
▶ ~하지 못하다

- I **failed to** catch the cockroach. 난 그 바퀴벌레를 잡지 못했다.

### 338 pay attention to N
▶ ~에 주의를 기울이다

- **Pay attention to** what I'm saying. 내 말에 귀를 기울여 주세요!

339 **on business** ▶ 사업상

- I'm here **on business.** 난 여기 사업 차 왔어.

340 **out of sight** ▶ 안 보이는(곳에)

비교 / ***in sight*** 보이는(곳에)

- **Out of sight**, out of mind. 눈에서 멀어지면, 마음에서도 멀어진다.

341 **make up for** ▶ 보상[보충]하다

비교 / ***make up*** 구성하다, 만들어내다, (이야기를)지어내다, 화장하다

- Nothing can **make up for** the loss of a child. 그 무엇도 자식을 잃어버린 것을 보상할 수 없다.

342 **be ashamed of** ▶ 부끄러워하다

- I **was ashamed of** myself. 나는 나 자신이 부끄러웠다.

343 **as well** ▶ ~도 또한, 게다가 = ***too, also, in addition***

비교 / ***A as well as B*** B뿐만 아니라 A도 역시

- Did she go **as well**? 그녀도 또한 갔니?

344 **upside down** ▶ 거꾸로

- Turn the bottle **upside down.** 병을 거꾸로 뒤집어라.

345 **on the other hand** ▶ 한편, 반면에

- She is clever, but **on the other hand** she makes many mistakes.
  그녀는 영리한 반면에 실수를 많이 저지른다.

?

## A 복습하기 1단계 (한국말 예문을 읽어보며 숙어의 뜻을 떠올려보세요.)

1 **feel like V~ing** • 너의 생일을 feel like celebrating 하다.

2 **in public** • 그는 나에게 in public 사과를 했다.

3 **make an effort** • Make an effort 하지 않고 성공하기는 힘들다.

4 **see ... off** • 많은 사람들이 see him off 하기위해 공항에 나왔다.

5 **first of all** • First of all, 저를 길러주신 부모님께 감사드리고 싶습니다.

6 **over and over** • 직원은 over and over 사과했지만, 손님은 계속 화만 냈다.

7 **fail to V** • 톰은 제리를 잡는 것을 또 fail to 했지만 결코 포기하지 않았다.

8 **pay attention to N** • 주변 친구들이 너무 떠들어서 선생님의 말에 pay attention to 하기 힘들었다.

9 **on business** • 나는 일 년에 두 번 on business 중국을 방문한다.

10 **out of sight** • 아버지는 크리스마스 선물을 아들 몰래 out of sight 에 숨겼다.

11 **make up for** • 당신한테 못되게 군 거 make up for 하고 싶어서 선물을 가져왔어요.

12 **be ashamed of** • 그녀에게 고백은커녕 말 한마디 못하는 내 자신을 be ashamed of 했다.

13 **as well** • 싸이는 한국인뿐만 아니라 as well 외국인들도 좋아한다.

14 **upside down** • 박쥐가 upside down 매달려 있는 것은 지극히 정상이다.

15 **on the other hand** • 스마트폰은 편리하지만 on the other hand 많은 단점도 있습니다.

## B 복습하기 2단계 (숙어의 뜻을 써보세요. 뒷장을 접으면 답이 나옵니다.)

1 **feel like V~ing**

2 **in public**

3 **make an effort**

4 **see ... off**

5 **first of all**

6 **over and over**

7 **fail to V**

8 **pay attention to N**

9 **on business**

10 **out of sight**

11 **make up for**

12 **be ashamed of**

13 **as well**

14 **upside down**

15 **on the other hand**

?

## C 복습하기 3단계 (다음 중 올바른 것을 고르세요.)

| | | |
|---|---|---|
| 1 ~하고 싶다 | □ cannot help V~ing | □ feel like V~ing |
| 2 공개적으로 | □ in public | □ in danger |
| 3 노력하다 | □ make an effort | □ make up for |
| 4 배웅하다 | □ not ... at all | □ see ... off |
| 5 무엇보다도, 제일 먼저 | □ first of all | □ for instance |
| 6 여러 번, 반복해서 | □ over and over | □ a little bit |
| 7 ~하지 못하다 | □ cannot but V | □ fail to V |
| 8 ~에 주의를 기울이다 | □ pay attention to | □ be curious about |
| 9 사업상 | □ even if | □ on business |
| 10 안 보이는(곳에) | □ by the way | □ out of sight |
| 11 보상[보충]하다 | □ make up for | □ cut down on |
| 12 부끄러워하다 | □ put off | □ be ashamed of |
| 13 ~도 또한, 게다가 | □ as well | □ even though |
| 14 거꾸로 | □ upside down | □ of course |
| 15 한편, 반면에 | □ on the other hand | □ in front of |

day
24

» 346

360

### 346 go wrong

▶ 잘못되다, 실수하다

- I don't know what **went wrong**. 무엇이 잘못되었는지 모르겠어요.

### 347 have a runny nose

▶ 콧물이 나다

- I **have a runny nose** and headache. 콧물이 나고 머리가 아파.

### 348 put up with

▶ 참다 = ***stand, bear, endure, tolerate***

- I can't **put up with** his rude behavior. 나는 그의 무례한 행동을 참을 수 없다.

### 349 pull up

▶ (차를) 멈추다, 세우다

비교 / ***pull out*** 꺼내다, 뽑다

- **Pull up** over there. 저기에 차를 세워줘.

### 350 be used for

▶ ~을 위해 사용되다

- This machine **is used for** baking bread. 이 기계는 빵을 굽는데 사용된다.

### 351 used to V

▶ (과거에) ~ 하곤 했다

- I **used to** drink coffee. 나는 예전에 커피를 마시곤 했다.(지금은 마시지 않는다)

### 352 be used to V~ing

▶ ~에 익숙하다

- I **am used to** drink**ing** coffee. 나는 커피를 마시는 것에 익숙하다.

### 353 be accustomed to~ing

▶ ~에 익숙하다

- He **is accustomed to** gett**ing** up early. 그는 일찍 일어나는데 익숙하다.

354 **be familiar with** ▶ ~와 친숙하다,~을 잘 알다

- I'**m familiar with** him. 나는 그와 친숙하다.

355 **out of the blue** ▶ 갑자기 = *all of a sudden, suddenly*

- He visited us **out of the blue.** 그는 갑자기 우리를 방문했다.

356 **be dying to V** ▶ ~ 하고 싶어 죽겠다

- I **am dying to** eat this pizza. 나는 이 피자를 먹고 싶어 죽겠다.

357 **prepare for** ▶ 준비하다, 대비하다

- I need to **prepare for** the mid-term exam. 나는 중간고사를 준비해야만 한다.

358 **be responsible for** ▶ ~에 책임이 있다

- You **are responsible for** this accident. 당신은 이 사고에 책임이 있다.

359 **in advance** ▶ 미리

- I will arrive **in advance.** 미리 도착해 있을게요.

360 **step by step** ▶ 한걸음씩, 차근차근

비교 / ***one by one*** 한명씩[하나씩], ***little by little*** 조금씩

- I'll explain it **step by step.** 차근차근 설명해 줄게.

?

## A 복습하기 1단계 (한국말 예문을 읽어보며 숙어의 뜻을 떠올려보세요.)

1 **go wrong** • 이대로만 하면 크게 go wrong 하지는 않을 거예요.

2 **have a runny nose** • 감기에 걸렸는지 아침부터 have a runny nose 해.

3 **put up with** • 윗집에서 나는 소음을 더 이상 put up with 할 수가 없어.

4 **pull up** • 신호가 빨간불로 바뀌어서 차를 잠시 pull up 했다.

5 **be used for** • 이 컵은 와인을 마시는데 be used for 한다.

6 **used to V** • 어렸을 때 나는 used to play with dolls 했지만, 지금은 더 이상 그러지 않는다.

7 **be used to V~ing** • 어릴땐 못먹었지만 이젠 나도 [ be used to eating 태국음식]하다.

8 **be accustomed to~ing** • 나는 늦은 시간까지 공부하는 데에 be accustomed to 하다.

9 **be familiar with** •나는 모든 카메라 사용법을 be familiar with 하다.

10 **out of the blue** • 그가 어제 out of the blue 하게 청혼을 해서 깜짝 놀랐다.

11 **be dying to V** • 시험기간이라 공부만 했더니 나는 be dying to play games 하다.

12 **prepare for** • 난 회사 면접을 prepare for 하느라 정신이 없었다.

13 **be responsible for** • 부모는 자식이 삐뚤어 진 것에 be responsible for하다.

14 **in advance** • 일을 그만두고 싶을 때는 일주일 정도 in advance 알려 주세요.

15 **step by step** • 처음부터 step by step 다시 말해보세요.

## B 복습하기 2단계 (숙어의 뜻을 써보세요. 뒷장을 접으면 답이 나옵니다.)

1 **go wrong**

2 **have a runny nose**

3 **put up with**

4 **pull up**

5 **be used for**

6 **used to V**

7 **be used to V~ing**

8 **be accustomed to ~ing**

9 **be familiar with**

10 **out of the blue**

11 **be dying to V**

12 **prepare for**

13 **be responsible forl**

14 **in advance**

15 **step by step**

## C 복습하기 3단계 (다음 중 올바른 것을 고르세요.)

| | | |
|---|---|---|
| 1 잘못되다, 실수하다 | □ go wrong | □ come true |
| 2 콧물이 나다 | □ have a toothache | □ have a runny nose |
| 3 참다 | □ put up with | □ be busy with |
| 4 (차를) 멈추다, 세우다 | □ pull up | □ go away |
| 5 ~을 위해 사용되다 | □ be tired from[with] | □ be used for |
| 6 (과거에) ~ 하곤 했다 | □ be sick of | □ used to V |
| 7 ~에 익숙하다 | □ be used to V~ing | □ forget V~ing |
| 8 ~에 익숙하다 | □ be fed up with | □ be accustomed to ~ing |
| 9 ~을 잘 알다, 친숙하다 | □ be familiar with | □ fall in love with |
| 10 갑자기 | □ out of the blue | □ in the past |
| 11 ~하고 싶어 죽겠다 | □ remember to V | □ be dying to V |
| 12 준비하다, 대비하다 | □ prepare for | □ cooperate with |
| 13 ~에 책임이 있다 | □ be divided into | □ be responsible for |
| 14 미리 | □ in advance | □ in a hurry |
| 15 한걸음씩, 차근차근 | □ side by side | □ step by step |

# 마이 리틀 테스트

## 6회 (21 ~ 24 day)

# 마이 리틀 테스트 6회 (21 ~ 24 day)

**1. 알맞은 우리말과 연결하세요.**

| | |
|---|---|
| call off • | • 진정하다 |
| settle in • | • 정착하다 |
| settle down • | • 취소하다 |
| take advantage of • | • 간절히 바라다 |
| long for • | • 이용하다 |
| before long • | • 게다가 |
| for sure • | • 머지않아, 곧 |
| in advance • | • 확실히 |
| in addition • | • 갑자기 |
| out of the blue • | • 미리 |

**2. 다음 빈칸에 알맞은 말을 <보기>에서 골라 적절히 고쳐 쓰세요.**

> go wrong / put up with / wonder about / call out / be free from

① 결점이 없는 사람은 없다.

No one ______________ fault.

② 나는 컴퓨터를 고칠 기술자를 불렀다.

I ______________ an engineer to fix the computer.

③ 무엇이 잘못되었는지 모르겠어요.

I don't know what ______________.

④ 나는 그의 무례한 행동을 참을 수 없다.

I can't ______________ his rude behavior.

⑤ 난 너에 대해 궁금해지기 시작했어.

I'm starting to ______________ you.

**3. 다음 문장에서 밑줄 친 take the place of 와 같은 의미의 보기를 고르시오.**

> No one can <u>take the place of</u> my mother.

① replace
② remove
③ recover
④ repair

**4. 다음 문장에서 밑줄 친 call off 와 같은 의미의 보기를 고르시오.**

> I didn't <u>call off</u> my appointment, I just postponed it.

① accept
② cancel
③ make a call
④ hang up the phone

**5. 빈칸에 알맞은 전치사를 고르시오.**

> To succeed __ business, you must be confident. 사업에 성공하려면, 자신감이 있어야해.

① to ② from ③ in ④ with

**6. 빈칸에 알맞은 전치사를 고르시오.**

> Queen Elizabeth succeeded ___ the throne in 1952.
> 엘리자베스 여왕은 1952년에 왕위를 계승했다.

① to ② from ③ in ④ with

7. 다음 빈칸에 알맞은 보기를 고르시오.

I feel like ______ alone today.
오늘은 혼자 밥 먹고 싶다.

① eat ② ate ③ to eat ④ eating

8. 다음 빈칸에 알맞은 보기를 고르시오.

I am used to _______ coffee.
나는 커피를 마시는 것에 익숙하다.

① drink ② to drink
③ drinking ④ to drinking

9. 다음 빈칸에 알맞은 보기를 고르시오.

I used to _______ coffee.
나는 커피를 마시곤 했다.

① drink ② to drink
③ drinking ④ to drinking

10. 다음 밑줄친 First of all 과 같은 의미의 보기를 고르시오.

First of all, I've met many good people.
무엇보다도, 저는 많은 좋은 사람들을 만났습니다.

① Above all ② After all
③ Next to impossible ④ Next to nothing

11. 다음 빈칸에 알맞은 보기를 고르시오.

Ross is kind. ______, he is handsome.
로스는 착하고 게다가 잘생겼다.

① For instance ② For example
③ In addition ④ Even though

12. 다음 빈칸에 알맞은 보기를 고르시오.

I do not mind _________ you don't believe me.
비록 네가 날 믿지 않는다 하더라도 신경 쓰지 않아.

① for instance
② for example
③ in addition
④ even though

13. 다음 빈칸에 알맞은 보기를 고르시오.

I ___________ laughing.
나는 웃지 않을 수 없다.

① can help
② cannot help
③ cannot but
④ have to

14. 다음 빈칸에 알맞은 보기를 고르시오.

I went to the airport to see her _____ .
나는 그녀를 배웅하러 공항에 갔었다.

① to ② on ③ of ④ off

day
25

» 361
375

361 **bring up** ▶ 기르다, 양육하다 = ***raise***

- It is hard for him to **bring up** his children. 그가 아이들을 키우는 것은 힘겨운 일이다.

362 **bring about** ▶ 일으키다, 생기게 하다 = ***cause*** 야기하다

- The heavy rain **brought about** flooding. 많은 비가 홍수를 생기게 했다.

363 **fill out** ▶ 써넣다, (문서를) 작성하다 = ***fill in***

- Please **fill out** this application form. 이 지원서를 작성해 주세요.

364 **fill up** ▶ 가득 채우다

비교 / ***fill out, fill in*** 써넣다, 기입하다

- Shall I **fill up** the car? 차에 연료를 채워드릴까요?

365 **take an exam** ▶ 시험을 보다

- I'll **take an exam** in history tomorrow. 나는 내일 역사 시험을 쳐야한다.

366 **lose one's sight** ▶ 시력을 잃다 ↔ ***gain one's sight*** (시력을 회복하다)

- He **lost his sight** at the age of 10. 그는 10살 때 시력을 잃었습니다.

367 **come up with** ▶ ~을 생각해내다, ~을 제안하다

- He **came up with** a new idea for increasing sales. 그는 매출을 올릴 새로운 방법을 생각해 냈다.

368 **be friendly with** ▶ ~와 사이가 좋다

- They **are** very **friendly with** each other. 두 사람은 서로 사이가 좋다.

369 **keep a promise** ▶ 약속을 지키다

참고 / *make a promise* 약속하다

- I always **keep a promise.** 나는 항상 약속을 지킨다.



370 **break a promise** ▶ 약속을 깨다

- He **broke a promise** without reason. 그는 이유도 없이 약속을 어겼다.

371 **due to N** ▶ ~ 때문에 = *because of*

- My success is **due to** your support. 내 성공은 너의 원조에 의한 것입니다.

372 **die out** ▶ 죽어 없어지다, 소멸하다 = *disappear*

- Dinosaurs **died out** a long time ago. 공룡들은 오래전에 멸종했습니다.

373 **suffer from** ▶ ~로 고통을 겪다

- I used to **suffer from** insomnia. 우리 아빠는 불면증을 앓았었다.

374 **refrain from** ▶ ~을 삼가다, 절재하다 = *abstain from, keep away from*

- Please **refrain from** smoking. 흡연을 삼가 주십시오.

375 **keep away from** ▶ ~을 멀리하다

- **Keep away from** bad friends! 나쁜 친구들을 멀리해라!

?

## A 복습하기 1단계 (한국말 예문을 읽어보며 숙어의 뜻을 떠올려보세요.)

1 **bring up** • 이곳은 위험해서 아이를 **bring up** 하기에 적합한 장소가 아니다.

2 **bring about** • 그의 꾸준한 노력이 좋은 성과를 **bring about** 했다.

3 **fill out** • 가입 신청서를 **fill out** 해주세요.

4 **fill up** • 타이어 바람이 빠진 거 같아. 타이어에 바람을 **fill up** 해야겠어.

5 **take an exam** • 난 항상 **take an exam**하기 전에 긴장을 한다.

6 **lose one's sight** • 나는 사고로 작년에 **lose my sight** 했다.

7 **come up with** • 경찰은 그 범인을 잡을 방법을 **come up with** 했다.

8 **be friendly with** • 나는 주변 이웃들과 **be friendly with** 하다.

9 **keep a promise** • **Make a promise** 했으면, 반드시 **keep a promise** 해야 한다.

10 **break a promise** • 저번에 내가 **break a promise** 했던 거 정말 미안해.

11 **due to N** • **Due to bad weather** 비행이 중지 되었다.

12 **die out** • 공룡은 6천 5백만 년 전에 이미 **die out** 했어.

13 **suffer from** • 아직도 아프리카에선 많은 아이들이 굶주림으로 **suffer from**하고 있다.

14 **refrain from** • 건강을 위해서 흡연을 **refrain from**하는 것이 좋습니다.

15 **keep away from** • 살을 빼려면 설탕이 든 탄산음료들을 **keep away from** 해야 합니다.

## B 복습하기 2단계(숙어의 뜻을 써보세요. 뒷장을 접으면 답이 나옵니다.)

1 **bring up**

2 **bring about**

3 **fill out**

4 **fill up**

5 **take an exam**

6 **lose one's sight**

7 **come up with**

8 **be friendly with**

9 **keep a promise**

10 **break a promise**

11 **due to N**

12 **die out**

13 **suffer from**

14 **refrain from**

15 **keep away from**

## C 복습하기 3단계 (다음 중 올바른 것을 고르세요.)

| | | | |
|---|---|---|---|
| 1 | 기르다, 양육하다 | □ bring up | □ settle in |
| 2 | 일으키다, 생기게 하다 | □ break down | □ bring about |
| 3 | 써넣다, 작성하다 | □ fill out | □ stand in line |
| 4 | 가득 채우다 | □ stand for | □ fill up |
| 5 | 시험을 보다 | □ take an exam | □ take place |
| 6 | 시력을 잃다 | □ lose one's sight | □ be cut out for |
| 7 | ~을 생각해내다 | □ keep in mind | □ come up with |
| 8 | ~와 사이가 좋다 | □ shake hands with | □ be friendly with |
| 9 | 약속을 지키다 | □ keep a promise | □ cut in line |
| 10 | 약속을 깨다 | □ get worse | □ break a promise |
| 11 | ~ 때문에 | □ as soon as | □ due to |
| 12 | 죽어 없어지다 | □ draw up | □ die out |
| 13 | ~로 고통을 겪다 | □ suffer from | □ be crowded with |
| 14 | ~을 삼가다, 절재하다 | □ refrain from | □ break out |
| 15 | ~을 멀리하다 | □ keep in touch with | □ keep away from |

day
26

» 376
390

## 376 by mistake

▶ 실수로

- I took the wrong train **by mistake**. 실수로 전철을 잘못 탔다.

## 377 out of breath

▶ 숨이 가쁜, 숨이 찬

- I was **out of breath** after the basketball game. 나는 농구경기 후에 숨이 찼었다.

## 378 go through

▶ ~을 겪다, 경험하다 = ***undergo, suffer*** (어려움 등을) 겪다

- We usually **go through** a variety of hardships during our lifetime.
  우리는 대개 일생 동안 다양한 고난을 겪으며 살아갑니다.

## 379 for good

▶ 영원히 = ***forever, eternally, permanently***

- I thought you leaved **for good**. 난 네가 영원히 떠나 버린 줄 알았어.

## 380 make a (big) difference

▶ (큰) 차이를 낳다, (매우) 중요하다

- A small change **makes a big difference**. 작은 변화가 큰 차이를 만든다.

## 381 make no difference

▶ 차이가 없다, 중요하지 않다

- The rain **made no difference** to the game. 비가와도 그 경기에는 별로 영향을 주지 않았다.

## 382 in need

▶ 어려움에 처한, 곤경에 빠진

- A friend in need is a friend **in deed**. 어려울 때 친구가 진정한 친구다.

## 383 regard A as B

▶ A를 B로 여기다[간주하다]
= ***think of A as B, consider A B, look on A as B***

- He **regards** himself **as** a patriot. 그는 스스로를 애국자라고 여긴다.

## 384 remind A of B

▶ A에게 B를 다시 생각나게 하다

- The song **reminds** me of my hometown. 그 노래는 나에게 내 고향을 다시 생각나게 한다.

## 385 burst into

▶ 갑자기 ~하다

참고 / ***burst into tears*** 갑자기 울음을 터뜨리다, ***burst into laughter*** 갑자기 웃음을 터뜨리다

- She **burst into** tears when she watched the sad movie.
  그녀는 슬픈 영화를 보고 울음을 터뜨렸다.

## 386 head for

▶ ~로 향하다, ~로 향해 나아가다

- He **headed for** the school. 그는 학교로 향했다.

## 387 put away

▶ 치우다

비교 / ***put out*** (불을) 끄다, ***put off*** 미루다, 연기하다

- Don't forget to **put away** your toys. 젓가락을 치우는 거 치우는 거 잊지 마세요.

## 388 be content with

▶ ~에 만족하다 = ***be satisfied with, be pleased with***

- I **am content with** my present job. 나는 현재의 직장에 만족한다.

## 389 make up with

▶ ~와 화해하다

- Please **make up with** your sister. 언니와 화해해.

## 390 in vain

▶ 헛되이, 보람 없이

- I tried to make up with him, but it was **in vain**. 그와 화해하려고 했으나 허사였다.

?

## A 복습하기 1단계 (한국말 예문을 읽어보며 숙어의 뜻을 떠올려보세요.)

1 **by mistake** • By mistake 헤어진 여자 친구에게 전화를 해버렸다.

2 **out of breath** • 그는 달리기를 하고 나서 out of breath 상태였다.

3 **go through** • 나는 6개월 전에 원치 않는 이별을 go through 했다.

4 **for good** • 그는 for good 우리나라에서 추방되었다.

5 **make a (big) difference**

• 내 생각에는 어떤 선생님의 강의를 듣느냐가 make a big difference 하는 것 같아.

6 **make no difference**

• 너만 열심히 한다면 이 학원을 다니든 저 학원을 다니든 make no difference 해.

7 **in need** • 우리는 in need한 친구를 외면하지 말고 도와줘야 한다.

8 **regard A as B** • 주말에도 일을 하는 그를 보고 나는 regard him as workaholic 한다.

9 **remind A of B** • 어린 시절 내가 타던 세발자전거는 remind me of my childhood 한다.

10 **burst into** • 그 개그맨의 이야기에 많은 청중들이 burst into laughter 했다.

11 **head for** • 짐을 싸자마자 부산으로 head for 할거예요.

12 **put away** • 늘어진 옷들을 put away 하고 방 청소 좀 해라!

13 **be content with** • 앞으로는 작은 것에 be content with 하는 사람이 될 거야.

14 **make up with** • 싸웠던 친구와 make up with 하고 나니 한결 마음이 편하다.

15 **in vain** • 한 번의 실수로 그동안의 모든 노력이 in vain 이 되어버렸다.

B 복습하기 2단계 (숙어의 뜻을 써보세요. 뒷장을 접으면 답이 나옵니다.)

1 **by mistake**

2 **out of breath**

3 **go through**

4 **for good**

5 **make a (big) difference**

6 **make no difference**

7 **in need**

8 **regard A as B**

9 **remind A of B**

10 **burst into**

11 **head for**

12 **put away**

13 **be content with**

14 **make up with**

15 **in vain**

## C 복습하기 3단계 (다음 중 올바른 것을 고르세요.)

| | | | |
|---|---|---|---|
| 1 | 실수로 | □ for sure | □ by mistake |
| 2 | 숨이 가쁜 , 숨이 찬 | □ out of breath | □ out of sight |
| 3 | ~을 겪다, 경험하다 | □ go through | □ get over |
| 4 | 영원히 | □ before long | □ for good |
| 5 | (큰) 차이를 낳다, (매우) 중요하다 | □ consist of | □ make a (big) difference |
| 6 | 차이가 없다, 중요하지 않다 | □ make no difference | □ pay attention to |
| 7 | 어려움에 처한 | □ on business | □ in need |
| 8 | A를 B로 여기다 | □ regard A as B | □ tell A from B |
| 9 | A에게 B를 다시 생각나게 하다 | □ remind A of B | □ blame A for B |
| 10 | 갑자기 ~하다 | □ put up with | □ burst into |
| 11 | ~로 향하다 | □ head for | □ go wrong |
| 12 | 치우다 | □ get over | □ put away |
| 13 | ~에 만족하다 | □ be content with | □ be ashamed of |
| 14 | ~와 화해하다 | □ make up with | □ make up for |
| 15 | 헛되이, 보람 없이 | □ in danger | □ in vain |

day
27

» 391
405

391 **in contrast** ▶ 대조적으로

- It's cold and windy in Seoul. **In contrast**, it's warm in Busan.
  서울은 춥고 바람도 많이 분다. 대조적으로 부산은 따뜻하다.

392 **except for** ▶ ~을 제외하고

- I don't trust anyone **except for** you. 난 너를 제외하고 아무도 믿을 수 없어.

393 **contribute to N** ▶ ~에 기여[기부]하다

- The rapper **contributed to** Korean HipHop. 그 랩퍼는 한국 힙합에 기여했다.

394 **stare at** ▶ 빤히 보다, 응시하다

- He **stared at** it with his mouth wide open. 그는 입을 딱 벌리고 그것을 바라보고 있었다.

395 **turn out** ▶ ~로 판명되다

- The report **turned out** false. 그 보도가 거짓임이 판명되었다.

396 **carry out** ▶ 실행하다 = ***execute***

- It is premature to **carry out** the plan. 그 계획을 실행하기에는 아직 너무 이르다.

397 **in a second[minute]** ▶ 곧, 순식간에

- I'll be back **in a minute.** 난 곧 돌아올 거야.

398 **catch up with** ▶ 따라잡다

- I'll **catch up with** you in a minute. 곧 뒤따라 갈 겁니다.

399 **work out** ▶ ① 운동하다 ② 해결하다[풀다]

- I **work out** in the gym three times a week. 나는 헬스장에서 일주일에 세 번 운동한다.

400 **by chance** ▶ 우연히 = *by accident*

- Opportunities seem to come **by chance**. 기회는 우연히 오는 것 같아.

day 27

401 **give out** ▶ ① 나눠주다 ② (소리, 빛 등을) 내다, 내뿜다

- The teacher **gave out** the examination papers. 선생님은 시험지를 나눠주셨다.
- The radiator **gives out** a lot of heat. 그 난방기에서는 열이 많이 난다.

402 **look back on** ▶ 회상하다

- Take some time to **look back on** the past year. 지난 한 해를 뒤돌아보는 시간도 가져 보세요.

403 **in other words** ▶ 다시 말해서

- They asked me to leave. **In other words**, I was fired.
  그들이 나에게 떠나라고 했다. 다시 말해서 나는 해고당했던 것이다.

404 **under the weather** ▶ 몸이 안 좋은

- She's **under the weather**. 그녀는 몸 상태가 안 좋다.

405 **at times** ▶ 때때로

- **At times**, she is so cute. 때때로 그녀는 너무 귀엽다.

?

## A 복습하기 1단계 (한국말 예문을 읽어보며 숙어의 뜻을 떠올려보세요.)

1 **in contrast** • 내 형은 말이 많다. In contrast, 나는 과묵한 편이다.

2 **except for** • 나는 뱀을 except for하고 아무 동물도 무섭지 않다.

3 **contribute to N** • 우리는 재활용으로 환경보호에 contribute to 할 수 있습니다.

4 **stare at** • 그는 아무 말도 하지 않고 단지 우리를 stare at 하기만 했다.

5 **turn out** • 그녀는 어려 보였지만 우리 누나와 동갑인 것으로 turn out되었다.

6 **carry out** • 건강이 나빠져서 그는 원래 계획을 carry out 할 수 없었다.

7 **in a second[minute]** • In a minute 도착할거 같아. 조금만 더 기다려줘.

8 **catch up with** • 그가 너무 빨리 걸어서 내가 catch up with 하지 못했다.

9 **work out** • 나는 건강을 위해 규칙적으로 work out 한다.

10 **by chance** • 나는 by chance하게 빅뱅의 탑을 봤어.

11 **give out** • ① 알바생은 길거리에서 전단지를 give out 했다.
② 반딧불은 밝은 빛을 give out 한다.

12 **look back on** • 어린 시절을 look back on 해보니 행복했던 기억이 많다.

13 **in other words** • 난 그의 모든 것이 좋다. In other words, 난 사랑에 빠졌다.

14 **under the weather** • 너 오늘 under the weather 해 보인다. 일 그만하고 좀 쉬어.

15 **at times** • At times, 공부가 재밌을 때가 있어. 미안 거짓말이야.

## B 복습하기 2단계 (숙어의 뜻을 써보세요. 뒷장을 접으면 답이 나옵니다.)

1 **in contrast**

2 **except for**

3 **contribute to N**

4 **stare at**

5 **turn out**

6 **carry out**

7 **in a second[minute]**

8 **catch up with**

9 **work out**

10 **by chance**

11 **give out**

12 **look back on**

13 **in other words**

14 **under the weather**

15 **at times**

## C 복습하기 3단계 (다음 중 올바른 것을 고르세요.)

| | | |
|---|---|---|
| 1 대조적으로 | □ in advance | □ in contrast |
| 2 ~을 제외하고 | □ except for | □ head for |
| 3 ~에 기여[기부]하다 | □ put off | □ contribute to |
| 4 빤히 보다, 응시하다 | □ stare at | □ burst into |
| 5 ~로 판명되다 | □ turn out | □ put out |
| 6 실행하다 | □ put away | □ carry out |
| 7 곧, 순식간에 | □ in vain | □ in a second[minute] |
| 8 따라잡다 | □ catch up with | □ be content with |
| 9 ① 운동하다<br>② 해결하다 | □ work out | □ make up with |
| 10 우연히 | □ for good | □ by chance |
| 11 ① 나눠주다<br>② 내다, 내뿜다 | □ give out | □ go through |
| 12 회상하다 | □ look after | □ look back on |
| 13 다시 말해서 | □ in other words | □ in need |
| 14 몸이 안 좋은 | □ under the weather | □ as well |
| 15 때때로 | □ on the other hand | □ at times |

# day 28

» 406

420

## 406 leave out
▶ 빼다

- Could you please **leave out** the onions? 양파를 빼주시겠어요?

## 407 take back
▶ 취소하다, 반품하다

- I will **take back** everything I said. 내가 한 말을 모두 취소할게.

## 408 run for
▶ ~에 입후보하다

- Many people wanted him to **run for** mayor. 많은 사람들이 그가 시장 선거에 출마하기를 바랐다.

## 409 tell A from B
▶ A와 B를 구별하다

- I can **tell** Japanese **from** Chinese. 나는 일본인과 중국인을 구별할 수 있다.

## 410 do good
▶ 도움이 되다

- Exercise will **do** you **good**. 운동은 너에게 도움이 될 거야.

## 411 do harm
▶ 해를 끼치다

- Computers do us good, but they can **do** us **harm**, too.
  컴퓨터는 우리에게 이롭기도 하지만 우리에게 해를 줄 수도 있다.

## 412 lose face
▶ 체면을 잃다, 망신을 당하다

- I am afraid of **losing face**. 나는 체면을 잃는 것을 두려워한다.

## 413 show off
▶ 과시하다, 자랑하다 = ***brag, boast***

- She wanted to **show off** her son. 그녀는 아들을 자랑하고 싶었다.

## 414 for nothing
▶ ① 공짜로 = *for free* ② 헛되이 = *in vain*

- I got this book **for nothing** from my friend. 난 친구에게서 이 책을 공짜로 얻었다.
- Our all effort went **for nothing**. 우리의 모든 노력이 헛되어졌다.

## 415 face to face
▶ 직접, 마주보고 = *directly, personally*

- I want to talk to you **face to face**. 난 너와 직접 마주보고 얘기하고 싶다.

day 28

## 416 see eye to eye
▶ 의견을 같이 하다

- We don't usually see **eye to eye**. 우리는 주로 의견이 맞지 않는다.

## 417 argue with
▶ ~와 논쟁하다, 다투다

- I don't want to **argue with** you. 너와 논쟁하고 싶지 않아.

## 418 break the ice
▶ 서먹서먹한 분위기를 깨다

- People usually talk about the weather to **break the ice**.
  사람들은 보통 서먹함을 깨기 위해 날씨 이야기를 한다.

## 419 a pie in the sky
▶ 그림의 떡

- It's **a pie in the sky**. 그건 그림의 떡이다.

## 420 rain cats and dogs
▶ 비가 억수같이 퍼붓다 = *pour*

- It is **raining cats and dogs** today. 오늘 비가 억수같이 퍼붓는다.

?

## A 복습하기 1단계 (한국말 예문을 읽어보며 숙어의 뜻을 떠올려보세요.)

1 **leave out**
• 매운 걸 싫어하시면 고추를 조금만 넣거나 아예 leave out 하세요.

2 **take back**
• 미안해. 내가 틀린 거 같아. 내 가 한말을 모두 take back 할게.

3 **run for**
• 그는 서울 시장에 run for 하는 걸 포기 했다.

4 **tell A from B**
• 그 둘은 정말 닮았지만, 나는 tell Mike from his twin brother 할 수 있다.

5 **do good**
• 모르는 건 물어 보는 게 너에게 do good 할거야.

6 **do harm**
• 담배는 너의 몸에 do harm 하는 것이야.

7 **lose face**
• 거짓말을 하던 그 정치인은 많은 사람들 앞에서 lose face 하고 말았다.

8 **show off**
• 그는 자기가 영어를 얼마나 잘 하는지 show off하고 싶어 한다.

9 **for nothing**
• ① 바지를 샀더니 양말을 for nothing하게 얻었다.
② 한 번의 실수로 그동안의 모든 노력이 for nothing 되어버렸다.

10 **face to face**
• 중요한 내용이니 문자보다는 face to face 하게 이야기 하자.

11 **see eye to eye**
• 너무 다른 성격 탓인지 우리는 see eye to eye 하는 일이 거의 없다.

12 **argue with**
• 이 문제로 더 이상 너와 argue with 하고 싶지 않아.

13 **break the ice**
• 아무도 말을 하지 않아서 내가 break the ice 했다.

14 **a pie in the sky**
• 마음에 들어도 그건 a pie in the sky일 뿐이야.

15 **rain cats and dogs**
• 밖에 나가지 않을 거야. 지금 rain cats and dogs 하거든.

## B 복습하기 2단계 (숙어의 뜻을 써보세요. 뒷장을 접으면 답이 나옵니다.)

1 **leave out**

2 **take back**

3 **run for**

4 **tell A from B**

5 **do good**

6 **do harm**

7 **lose face**

8 **show off**

9 **for nothing**

10 **face to face**

11 **see eye to eye**

12 **argue with**

13 **break the ice**

14 **a pie in the sky**

15 **rain cats and dogs**

## C 복습하기 3단계 (다음 중 올바른 것을 고르세요.)

| | | | |
|---|---|---|---|
| 1 | 빼다 | □ leave out | □ put out |
| 2 | 취소하다, 반품하다 | □ put up with | □ take back |
| 3 | ~에 입후보하다 | □ run for | □ prepare for |
| 4 | A와 B를 구별하다 | □ remind A of B | □ tell A from B |
| 5 | 도움이 되다 | □ do good | □ be used for |
| 6 | 해를 끼치다 | □ stare at | □ do harm |
| 7 | 체면을 잃다, 망신을 당하다 | □ lose face | □ turn out |
| 8 | 과시하다 자랑하다 | □ show up | □ show off |
| 9 | ① 공짜로<br>② 헛되이 | □ for nothing | □ except for |
| 10 | 직접, 마주보고 | □ out of the blue | □ face to face |
| 11 | 의견을 같이 하다 | □ make a difference | □ see eye to eye |
| 12 | ~와 논쟁하다, 다투다 | □ argue with | □ contribute to |
| 13 | 서먹한 분위기를 깨다 | □ graduate from | □ break the ice |
| 14 | 그림의 떡 | □ a piece of cake | □ a pie in the sky |
| 15 | 비가 억수같이 퍼붓다 | □ enter into | □ rain cats and dogs |

# 마이 리틀 테스트

## 7회 (25 ~28 day)

# 마이 리틀 테스트 7회 (25 ~28 day)

1. 알맞은 우리말과 연결하세요.

| | |
|---|---|
| bring up • | • ~로 판명되다 |
| carry out • | • 따라잡다 |
| catch up with • | • 회상하다 |
| turn out • | • 양육하다 |
| look back on • | • 실행하다 |
| due to • | • 어려움에 처한 |
| out of breath • | • 영원히 |
| for good • | • 숨이 가쁜 |
| in need • | • 헛되이 |
| in vain • | • ~ 때문에 |

2. 다음 빈칸에 알맞은 말을 〈보기〉에서 골라 적절히 고쳐 쓰세요.

**bring about / head for / fill out / contribute to / be content with**

① 많은 비가 홍수를 생기게 했다.

The heavy rain ____________ flooding.

② 이 지원서를 작성해 주세요.

Please ____________ this application form.

③ 나는 현재의 직장에 만족한다.

I ____________ my present job.

④ 그 랩퍼는 한국 힙합에 기여했다.

The rapper ____________ Korean HipHop.

⑤ 그는 학교로 향했다.

He ____________ the school.

3. 다음 빈칸에 알맞은 보기를 고르시오.

Keep away ________ bad friends!
나쁜 친구들을 멀리해라!

① into ② with ③ to ④ from

4. 다음 빈칸에 알맞은 보기를 고르시오.

Please refrain ____ smoking.
흡연을 삼가 주십시오.

① into ② with ③ to ④ from

5. 다음 빈칸에 알맞은 보기를 고르시오.

He ________ himself as a patriot.
그는 스스로를 애국자라고 여긴다.

① denies ② forgets
③ reminds ④ regards

6. 다음 빈칸에 알맞은 보기를 고르시오.

The song __ me of my hometown.
그는 스스로를 애국자라고 여긴다.

① denies ② forgets
③ reminds ④ regards

7. 다음 빈칸에 알맞은 보기를 고르시오.

It's cold and windy in Seoul.
__________, it's warm in Busan.
서울은 춥고 바람도 많이 분다.
대조적으로 부산은 따뜻하다.

① Because of ② In other words
③ Except for ④ In contrast

8. 다음 빈칸에 알맞은 보기를 고르시오.

I don't trust anyone ____ you.
난 너를 제외하고 아무도 믿을 수 없어.

① because of ② in other words
③ except for ④ in contrast

9. 다음 빈칸에 알맞은 보기를 고르시오.

They asked me to leave.
__________, I was fired.
그들이 나에게 떠나라고 했다.
다시 말해서 나는 해고당했던 것이다.

① Because of ② In other words
③ Except for ④ In contrast

10. 다음 빈칸에 알맞은 보기를 고르시오.

He stared ______ it with his mouth wide open.
그는 입을 딱 벌리고 그것을 바라보고 있었다.

① in ② with ③ to ④ at

11. 다음 빈칸에 알맞은 보기를 고르시오.

Please make up _________ your sister. 언니와 화해해.

① in ② with ③ to ④ at

12. 다음 빈칸에 알맞은 보기를 고르시오.

Don't forget to _______ your toys.
젓가락을 치우는 거 치우는 거 잊지 마세요.

① put out ② put off
③ put away ④ put on

13. 다음 문장에서 work out 의 의미로 알맞은 것을 고르시오.

I work out in the gym three times a week.

① 해결하다 ② 시작하다
③ 끝내다, 완수하다 ④ 운동하다

14. 다음 빈칸에 들어 갈 수 없는 보기를 하나만 고르시오.

She wanted to _______ her son.
그녀는 아들을 자랑하고 싶었다.

① brag ② boast ③ show off ④ show up

day
29

» 421
435

421 **be involved in** ▶ ~에 관여하다, 휘말리다, 연루되다

- I don't want to **be involved in** this problem. 나는 이 문제에 연루되고 싶지 않아.

422 **take a rain check** ▶ (초대 등에 거절하며) 다음 기회로 미루다

- Can I **take a rain check**? 다음 기회로 미뤄도 될까?

423 **have butterflies in one's stomach** ▶ 가슴이 두근거리다, 조마조마하다

- I **have butterflies in my stomach**. 마음이 조마조마해요.

424 **depend on[upon]** ▶ ~에 의지[의존]하다, ~에 달려있다

- I don't want to **depend on** anyone. 나는 그 누구에게도 의지하고 싶지 않아.

425 **fall back on** ▶ ~에 의지하다

- We **fall back on** what we knew. 우리가 알고 있는 것에 의지했다.

426 **be connected with** ▶ ~와 연결되다, 연락되다

- It will **be connected with** the bridge. 그것은 다리와 연결될 것입니다.

427 **be associated with** ▶ ~와 관계있다 = ***be related to N***

- A space rock **is associated with** the end of the dinosaurs.
  우주 암석이 공룡의 멸종과 관련이 있다.

428 **as a result** ▶ 결과적으로

- **As a result**, my team lost. 그 결과, 우리 팀은 졌다.

429 **out of order** ▶ 고장 난 = ***broken***

The elevator will be **out of order** until 3:00 p.m. 3시까지는 엘리베이터가 고장입니다.

430 **a piece of cake** ▶ 케이크 한 조각; 식은 죽 먹기 , 아주 쉬운 일

It's just **a piece of cake**. 식은 죽 먹기죠.

431 **account for** ▶ ~에 대해 설명하다

How do you **account for** the show's success? 그 쇼의 성공을 어떻게 설명하시겠어요?

432 **run away** ▶ 도망치다, 달아나다 = ***escape, go away***

Somebody hit my parked car and **ran away**. 세워둔 내 차를 누가 들이받고 도망쳤어.

433 **be in good shape** ▶ (건강, 몸의) 상태가 좋다

I'**m in good shape**. 난 건강이 좋아.

434 **My pleasure.** ▶ 천만에요 → 감사에 대한 응답

It is **my pleasure**. 천만에요.

435 **Never mind.** ▶ 신경 쓰지 마라, 개의치 마라

**Never mind**, we can buy another one. 신경 쓰지 마. 또 하나 사면 돼.

day 29

?

## A 복습하기 1단계 (한국말 예문을 읽어보며 숙어의 뜻을 떠올려보세요.)

1 **be involved in** • 난 그 범죄에 be involved in 되어 있지 않아. 난 결백하다고!

2 **take a rain check** • 정말 가고 싶은데 시험기간이라 take a rain check 할게.

3 **have butterflies in one's stomach**
• 난 항상 무대에 오르기 전에는 have butterflies in my stomach 한다.

4 **depend on[upon]** • 남에게 depend on 하려고 하지 말고 스스로 해결해봐!

5 **fall back on** • 그는 국가의 지원에 fall back on 하여 살아가고 있다.

6 **be connected with** • 그 범죄는 마약과 be connected with 되어있다.

7 **be associated with** • 폭식증은 우울증과 be associated with 하다.

8 **as a result** • As a result, 내 실수로 우리팀이 지고 말았다.

9 **out of order** • 왜 이렇게 덥지? 에어컨이 out of order 했나봐.

10 **a piece of cake** • 이미 다 배운 건데 이정도 문제는 a piece of cake 에요.

11 **account for** • 그런 갑작스런 인기를 account for 할 길이 없었다.

12 **run away** • Run away 하고 싶었지만 너무 무서워서 발이 움직이질 않았어.

13 **be in good shape** • 권투 시합 후에도 그는 be in good shape 하며 별다른 부상을 입지 않았다.

14 **My pleasure.** • My pleasure. 제가 좋아서 한일인걸요.

15 **Never mind.** • 그릇들은 Never mind 해. 내가 나중에 설거지할게.

## B 복습하기 2단계 (숙어의 뜻을 써보세요. 뒷장을 접으면 답이 나옵니다.)

1 **be involved in**

2 **take a rain check**

3 **have butterflies in one's stomach**

4 **depend on[upon]**

5 **fall back on**

6 **be connected with**

7 **be associated with**

8 **as a result**

9 **out of order**

10 **a piece of cake**

11 **account for**

12 **run away**

13 **be in good shape**

14 **My pleasure.**

15 **Never mind.**

## C 복습하기 3단계 (다음 중 올바른 것을 고르세요.)

| | | | |
|---|---|---|---|
| 1 | ~에 관여하다 | □ be involved in | □ be friendly with |
| 2 | (초대 등에 거절하며) 다음 기회로 미루다 | □ take an exam | □ take a rain check |
| 3 | 가슴이 두근거리다 | □ have a runny nose | □ have butterflies in one's stomach |
| 4 | ~에 의지[의존]하다, | □ depend on | □ focus on |
| 5 | ~에 의지하다 | □ concentrate on | □ fall back on |
| 6 | ~와 연결되다 | □ come up with | □ be connected with |
| 7 | ~와 관계있다 | □ be associated with | □ be tired of |
| 8 | 결과적으로 | □ as a result | □ as well as |
| 9 | 고장 난 | □ out of date | □ out of order |
| 10 | 케이크 한 조각; 식은 죽 먹기 | □ a pie in the sky | □ a piece of cake |
| 11 | ~에 대해 설명하다 | □ account for | □ stand for |
| 12 | 도망치다, 달아나다 | □ consist of | □ run away |
| 13 | (건강, 몸의) 상태가 좋다 | □ be free from | □ be in good shape |
| 14 | 천만에요 | □ I appreciate it. | □ My pleasure. |
| 15 | 신경 쓰지 마라 | □ Never mind. | □ Don't bother me. |

day
30

» 436
450

436 **up to date** ▶ 최신식의

- Her hair style is **up to date.** 그녀의 머리 스타일은 최신식이다.

437 **out of date** ▶ 시대에 뒤 떨어진, 구식의

- The cellphone I bought is already **out of date.** 내가 산 핸드폰은 이미 구식이다.

438 **out of fashion** ▶ 유행이 지난

- Long boots went **out of fashion** a long time ago. 긴 부츠는 예전에 유행이 지났어.

439 **concentrate on** ▶ ~에 집중하다

- Let me **concentrate on** one issue. 하나에만 집중하게 해줘.

440 **graduate from** ▶ ~을 졸업하다

- He will **graduate from** high school next year. 그는 내년에 고등학교를 졸업할 것이다.

441 **on weekends** ▶ 주말마다, 주말에

- **On weekends**, I usually stay home. 주말에 난 보통 집에 있다.

442 **make believe** ▶ ~ 인척하다 = ***pretend***

- **Make believe** you don't know me. 나를 모르는 척 해!
- She **made believe** not to hear me. 그녀는 내 말이 안 들리는 척 했다.

443 **enter into** ▶ ~을 시작하다 = ***initiate, embark upon***

- Let's **enter into** conversation with the boss. 우리 사장과의 이야기를 시작하자.

444 **for a rainy day** ▶ 어려울 때를 대비하여, 만약에 경우를 위해

- Save money **for a rainy day**. 어려울 때를 대비하여 저축해 둬.

445 **get even with** ▶ ~에 복수하다 = *revenge*

- I'll **get even with** him one day. 나는 언젠가 그에게 복수 할 테야.

446 **hold one's tongue** ▶ 입을 다물다

- **Hold** your **tongue**! 입 다물고 있어!

day 30

447 **idle away** ▶ 빈둥거리다

- Don't **idle away** your time. 빈둥거리며 시간을 낭비하지 말라.

448 **keep an eye on** ▶ 감시하다, 주시하다

- Will you **keep an eye on** my bag? 내 가방 좀 봐줄래?

449 **keep one's head** ▶ 침착성을 유지하다

- Don't be excited and **keep your head**. 흥분치 말고 침착해라.

450 **in particular** ▶ 특히, 특별히

- He loves science fiction **in particular**. 그는 공상과학 소설을 특히 아주 좋아한다.

?

## A 복습하기 1단계 (한국말 예문을 읽어보며 숙어의 뜻을 떠올려보세요.)

1 **up to date** • 내 노트북은 up to date 라서 매우 빠르다.

2 **out of date** • 이 기계들은 out of date 하고 지금은 거의 사용되지 않는다.

3 **out of fashion** • 이 디자인은 좀 out of fashion 한 것 같아요. 다른 디자인 좀 보여주세요.

4 **concentrate on** • 시끄러워서 공부에 concentrate on 할 수가 없네.

5 **graduate from** • 대학을 graduate from 하고 나서 어떤 일을 하고 싶나요?

6 **on weekends** • 우리 가족은 on weekends 교회에 나간다.

7 **make believe** • 화가 많이 났는지 그는 나를 make believe not to know 했다.

8 **enter into** • 이제 그만 다투고 협상을 enter into 합시다.

9 **for a rainy day** • 돈 낭비 하지 말고 for a rainy day 저축해 둬.

10 **get even with** • 날 이렇게 만든 그놈들에게 get even with 하고 말거야.

11 **hold one's tongue** • 더 이상 네 잔소리는 듣고 싶지 않아. 제발 Hold your tongue 해줘.

12 **idle away** • 요새는 하는 일 없이 idle away 만 하고 있다.

13 **keep an eye on** • 그자가 도망가지 못하게 항상 keep an eye on 하고 있거나.

14 **keep one's head** • 혼란스러운 상황에도 아버지는 keep his head 했다.

15 **in particular** • 한국음악이 전 세계적으로 인기를 끌고 있다. In particular, 한국의 걸 그룹이 인기다.

## B 복습하기 2단계 (숙어의 뜻을 써보세요. 뒷장을 접으면 답이 나옵니다.)

1 **up to date**

2 **out of date**

3 **out of fashion**

4 **concentrate on**

5 **graduate from**

6 **on weekends**

7 **make believe**

8 **enter into**

9 **for a rainy day**

10 **get even with**

11 **hold one's tongue**

12 **idle away**

13 **keep an eye on**

14 **keep one's head**

15 **in particular**

## C 복습하기 3단계 (다음 중 올바른 것을 고르세요.)

| | | | |
|---|---|---|---|
| 1 | 최신식의 | □ out of order | □ up to date |
| 2 | 시대에 뒤 떨어진 | □ out of date | □ out of sight |
| 3 | 유행이 지난 | □ out of shape | □ out of fashion |
| 4 | ~에 집중하다 | □ concentrate on | □ abide in |
| 5 | ~을 졸업하다 | □ refrain from | □ graduate from |
| 6 | 주말마다, 주말에 | □ in advance | □ on weekends |
| 7 | ~ 인척하다 | □ make believe | □ look forward to V~ing |
| 8 | ~을 시작하다 | □ turn on | □ enter into |
| 9 | 어려울 때를 대비하여 | □ for a rainy day | □ around the world |
| 10 | ~에 복수하다 | □ take out | □ get even with |
| 11 | 입을 다물다 | □ had better | □ hold one's tongue |
| 12 | 빈둥거리다 | □ get together | □ idle away |
| 13 | 감시하다, 주시하다 | □ keep an eye on | □ keep one's word |
| 14 | 침착성을 유지하다 | □ be responsible for | □ keep one's head |
| 15 | 특히, 특별히 | □ in need | □ in particular |

day
31

» 451
465

451 **take a rest** ▶ 쉬다

- You had better **take a rest** . 쉬는 것이 낫겠다.

452 **take a shower/ bath** ▶ 샤워/목욕하다

- I'll take a rest after I **take a shower.** 나는 샤워를 한 다음에 편히 쉴거야.

453 **take an[one's] order** ▶ 주문을 받다

- May I **take your order**? 주문하시겠어요?

454 **in the end** ▶ 끝내, 결국엔 = ***finally, at last, after all***

- **In the end**, it wasn't enough. 결국, 그건 충분하지 않았다.

455 **in silence** ▶ 조용히, 말없이

- They studied together **in silence.** 그들은 조용히 함께 공부했다.

456 **let down** ▶ 실망시키다 = ***disappoint***

- Don't **let** me **down.** 날 실망시키지 마.

457 **tear down** ▶ 허물다 = ***demolish***

- I will **tear down** old buildings. 난 오래된 건물들을 허물 것이다.

458 **fall down** ▶ 넘어지다, 떨어지다

- Be careful not to **fall down.** 떨어지지 않도록 조심해!

459 **in one's shoes** ▶ ~의 입장이 되어

- Put yourself **in my shoes.** 내 입장이 되어보세요!

460 **have an effect on** ▶ ~에 영향을 미치다; ~에 효과가 있다 = *affect, influence*

- Colors **have an effect on** our moods. 색깔은 우리의 기분에 영향을 미친다.

461 **be fed up with** ▶ ~에 싫증나다, 질리다 = *be sick of, be tired of*

- **I'm fed up with** working everyday. 매일 일하는데 질렸어.

day 31

462 **on purpose** ▶ 고의로 = *deliberately* ↔ *by accident* 우연히

- I didn't do it **on purpose.** 고의로 그런 게 아니었습니다.

463 **in no time** ▶ 당장, 즉시, 곧

- I will be back **in no time.** 나는 곧 돌아올 거야.

464 **can afford to V** ▶ ~ 할 여유가 있다

- I **can afford to** buy the car. 전 그 차를 살 여유가 있어요.

465 **make out** ▶ 이해하다

- I can't **make out** what he is saying. 그가 하는 말을 이해할 수 없어.

?

## A 복습하기 1단계 (한국말 예문을 읽어보며 숙어의 뜻을 떠올려보세요.)

1 **take a rest** • 피곤해 보이는데 좀 take a rest 하는 게 어때?

2 **take a bath** • 너 냄새가 많이 나는데 take a bath 하는 게 어때?

3 **take an[one's] order** • 메뉴를 고른 뒤 take my order 하라고 웨이터를 불렀다.

4 **in the end** • In the end, 그는 유명한 가수가 되었다.

5 **in silence** • 너무 어이가 없어서 in silence 그를 바라만 보았다.

6 **let down** • 미안해 다시는 널 let down 하지 않을게.

7 **tear down** • 저의 어릴 적 추억이 깃든 그 집을 부디 tear down 하지 말아주세요.

8 **fall down** • 너무 빨리 뛰지 마! fall down 할라.

9 **in one's shoes** • 네가 in my shoes 되었다고 생각해봐. 그럼 날 이해할거야.

10 **have an effect on** • 부모의 이혼은 분명 아이들에게 have an effect on 한다.

11 **be fed up with** • 매일 아침 토스트를 먹는 건 이제 be fed up with해.

12 **on purpose** • 네가 on purpose 그런 일을 했다면 넌 정말 나쁜 사람이야.

13 **in no time** • 넌 수학을 잘하니까 in no time 이 문제를 풀 수 있을 거야.

14 **can afford to V** • 그렇게 돈이 없지는 않아. 이정도 가격의 옷은 can afford to buy 해.

15 **make out** • 지금까지 내가 설명한 거 make out 할 수 있겠어?

## B 복습하기 2단계 (숙어의 뜻을 써보세요. 뒷장을 접으면 답이 나옵니다.)

1 **take a rest**

2 **take a bath**

3 **take an[one's] order**

4 **in the end**

5 **in silence**

6 **let down**

7 **tear down**

8 **fall down**

9 **in one's shoes**

10 **have an effect on**

11 **be fed up with**

12 **on purpose**

13 **in no time**

14 **can afford to V**

15 **make out**

## C 복습하기 3단계 (다음 중 올바른 것을 고르세요.)

| | | | |
|---|---|---|---|
| 1 | 쉬다 | □ take a rest | □ take a walk |
| 2 | 목욕하다 | □ take a rain check | □ take a bath |
| 3 | 주문을 받다 | □ take an[one's] order | □ take a picture |
| 4 | 끝내, 결국엔 | □ before long | □ in the end |
| 5 | 조용히, 말없이 | □ in silence | □ in advance |
| 6 | 실망시키다 | □ calm down | □ let down |
| 7 | 허물다 | □ settle down | □ tear down |
| 8 | 넘어지다, 떨어지다 | □ fall in love with | □ fall down |
| 9 | ~의 입장이 되어 | □ in one's shoes | □ in fact |
| 10 | ~에 영향을 미치다 | □ have a good time | □ have an effect on |
| 11 | ~에 싫증나다, 질리다 | □ be fed up with | □ be sorry for |
| 12 | 고의로 | □ on purpose | □ for the first time |
| 13 | 당장, 즉시, 곧 | □ in no time | □ and so on |
| 14 | ~할 여유가 있다 | □ look forward to V~ing | □ can afford to V |
| 15 | 이해하다 | □ make out | □ pass out |

day
32

» 466
480

## 466 be close to

▶ ~와 가깝다, ~와 친하다

- I want to **be close to** you. 난 너와 가까워지고 싶어.

## 467 adapt to N

▶ ~에 적응하다

- I struggled to **adapt to** the thin mountain air. 나는 희박한 산 공기에 적응하려고 애썼다.

## 468 pick up

▶ 줍다, 얻다, 차에 태우다

- I'll **pick** you **up** at 6. 여섯시에 널 태우러 갈게.

## 469 find out

▶ 찾아내다, 알아내다

- He'll **find out** I'm not his son. 그는 내가 그의 아들이 아니라는 걸 알게 될 거야.

## 470 make sure

▶ 확실하게 하다

- **Make sure** no one finds out about this. 반드시 아무도 이것에 대해서 알아내지 못하게 해라.

## 471 clean up[out]

▶ 청소하다

- **Clean up** your room! 방 청소 좀 해!

## 472 what is more

▶ 더욱이, 게다가 = *in addition, moreover, besides*

- You're wrong, and **what is more** you know it! 넌 틀렸어. 게다가 넌 그걸 알고 있어!

## 473 hand down

▶ 물려주다, 후세에 전해주다

- This watch was **handed down** to me by my grandfather.
  이 손목시계는 할아버지 때부터 나에게 물려내려 온 것이다.

474 **take ~ into account** ▶ ~을 고려하다

- We will **take** your personal aptitudes **into account**.
  우리는 당신의 개인적 적성을 고려할 것이다.

475 **neck and neck** ▶ 막상막하로, 대등하게

- He and I finished the race **neck and neck.** 그와 나는 그 경주에서 막상 막하로 골인했다.

476 **hang out with** ▶ ~와 놀다 , 어울리다

- I like to **hang out with** friends. 나는 친구들과 어울리는 것을 좋아해요.

day 32

477 **stand by** ▶ 곁에 있다, 대기하다, 지지하다

- I'll **stand by** you whatever happens. 무슨 일이 있든 당신을 지지할거야.

478 **stick to N** ▶ ~을 따르다, 고수하다, 지키다

- My father **stuck to** his promise. 아버지는 자신이 한 약속을 지키셨다.

479 **figure out** ▶ ~을 알아내다, 이해하다 = ***find out, discover***

- I couldn't **figure out** what he was saying. 난 그가 말한 것을 이해 할 수 없었다.

480 **appeal to N** ▶ ~의 마음을 끌다

- This book will **appeal to** many people. 이 책은 많은 사람들의 마음을 끌 거야.

?

## A 복습하기 1단계 (한국말 예문을 읽어보며 숙어의 뜻을 떠올려보세요.)

1 **be close to** • 그는 질이 나빠. 그와는 **be close to** 하지 않는 것이 좋을 거야.

2 **adapt to N** • 동물들은 사람보다 변화에 **adapt to** 잘 한다.

3 **pick up** • 공항에 여동생을 **pick up** 하러 나가야 해요.

4 **find out** • 그는 우리의 비밀을 결코 **find out** 할 수 없을 거야. 걱정하지 마.

5 **make sure** • 그들이 골을 하나 더 넣어서 승리를 **make sure** 했다.

6 **clean up[out]** • 어지르는 사람 따로 있고 **clean up** 하는 사람 따로 있냐?

7 **what is more** • 비가 오고 추운날씨인데 **what is more** 바람까지 분다.

8 **hand down** • 이 집은 아버지가 나에게 **hand down** 해주신 것이다.

9 **take ~ into account** • 앞으로 어떻게 될지 모르니 take **all possibilities** into account 해보자.

10 **neck and neck** • 반장선거 투표에서 그 두 사람은 **neck and neck** 이였다.

11 **hang out with** • 친구들과 **hang out with** 할 때, 시간은 매우 빠르게 갑니다.

12 **stand by** • 다른 친구들이 모두 내게 등을 돌려도 그는 언제나 stand by **me** 해줬다.

13 **stick to N** • 나는 내가 한 약속은 꼭 **stick to** 하는 사람이다.

14 **figure out** • 아무리 집중을 해도 선생님의 설명을 **figure out** 할 수 없었다.

15 **appeal to N** • 그 아름다운 섬은 많은 관광객들에게 **appeal to** 했다.

## B 복습하기 2단계 (숙어의 뜻을 써보세요. 뒷장을 접으면 답이 나옵니다.)

1 **be close to**

2 **adapt to N**

3 **pick up**

4 **find out**

5 **make sure**

6 **clean up[out]**

7 **what is more**

8 **hand down**

9 **take ~ into account**

10 **neck and neck**

11 **hang out with**

12 **stand by**

13 **stick to N**

14 **figure out**

15 **appeal to N**

## C 복습하기 3단계 (다음 중 올바른 것을 고르세요.)

| | | | |
|---|---|---|---|
| 1 | ~와 가깝다, ~와 친하다 | □ be concerned about | □ be close to |
| 2 | ~에 적응하다 | □ adapt to | □ get even with |
| 3 | 줍다, 얻다, 차에 태우다 | □ pick up | □ give up |
| 4 | 찾아내다, 알아내다 | □ make up for | □ find out |
| 5 | 확실하게 하다 | □ make sure | □ dwell in |
| 6 | 청소하다 | □ pay back | □ clean up[out] |
| 7 | 더욱이, 게다가 | □ what is more | □ even though |
| 8 | 물려주다 | □ tear down | □ hand down |
| 9 | ~을 고려하다 | □ have an effect on | □ take ~ into account |
| 10 | 막상막하로, 대등하게 | □ neck and neck | □ side by side |
| 11 | ~와 놀다, 어울리다 | □ hang out with | □ keep one's head |
| 12 | 곁에 있다, 대기하다, 지지하다 | □ get over | □ stand by |
| 13 | ~을 따르다, 고수하다 | □ disagree with | □ stick to |
| 14 | ~을 알아내다, 이해하다 | □ figure out | □ turn on |
| 15 | ~의 마음을 끌다 | □ appeal to | □ take off |

# 마이 리틀 테스트

## 8회 (29 ~32 day)

# 마이 리틀 테스트 8회 (29 ~32 day)

1. 알맞은 우리말과 연결하세요.

| | |
|---|---|
| account for • | • 도망치다, 달아나다 |
| run away • | • 시작하다 |
| idle away • | • 쉬다 |
| enter into • | • 설명하다 |
| take a rest • | • 빈둥거리다 |
| as a result • | • 구식의 |
| out of order • | • 결과적으로 |
| in particular • | • 고장 난 |
| up to date • | • 특히, 특별히 |
| out of date • | • 최신식의 |

2. 다음 빈칸에 알맞은 말을 〈보기〉에서 골라 적절히 고쳐 쓰세요.

**make out / keep one's head / can afford to / adapt to / be associated with**

① 우주 암석이 공룡의 멸종과 관련이 있다.

A space rock ______________ the end of the dinosaurs.

② 흥분치 말고 침착해라.

Don't be excited and ______________.

③ 전 그 차를 살 여유가 있어요.

I ______________ buy the car.

④ 난 희박한 산 공기에 적응하려 애썼다.

I struggled to ______________ the thin mountain air.

⑤ 그가 하는 말을 이해할 수 없어.

I can't ______________ what he is saying.

3. 다음 보기 중 해석이 올바른 것을 하나 고르시오

① I have butterflies in my stomach.
(배가 아프고 토할 것 같아요.)

② It's just a piece of cake.
(이것은 비싼 케이크에요.)

③ Put yourself in my shoes.
(제 신발 좀 닦아주세요.)

④ Can I take a rain check?
(다음 기회로 미뤄도 될까?)

⑤ I'm in good shape.
(나는 매우 정직한 사람입니다.)

4. 다음 두 빈칸에 공통으로 들어갈 수 있는 보기를 고르시오.

I'll ______ a rest after I ______ a shower.
나는 샤워를 한 다음에 편히 쉴 거야.

① give　② get
③ take　④ make

5. 빈칸에 알맞은 전치사를 고르시오.

Let me concentrate ___ one issue.
하나에만 집중하게 해줘.

① to　② in　③ from　④ on

6. 빈칸에 알맞은 전치사를 고르시오.

He will graduate ___ high school next year.
그는 내년에 고등학교를 졸업할 것이다.

① to　② in　③ from　④ on

7. 빈칸에 알맞은 전치사를 고르시오.

I don't want to be involved ____ this problem.
나는 이 문제에 연루되고 싶지 않아.

① to ② in ③ from ④ on

8. 다음 보기 중 해석이 잘못된 것을 하나 고르시오.

① I like to hang out with friends.
(나는 친구들과 어울리는 것을 좋아해요. )
② My father stuck to his promise.
(아버지는 자신이 한 약속을 지키셨다.)
③ He and I finished the race neck and neck.
(그와 나는 그 경주에서 목이 부러졌다. )
④ I'll stand by you whatever happens.
(무슨 일이 있든 당신을 지지할거야. )

9. 다음 문장에서 밑줄 친 fall back on 의 동의어를 고르시오.

We have each other to fall back on now.

① feel down ② fall down
③ hand down ④ depend on

10. 다음 문장에서 밑줄 친 get even with의 동의어를 고르시오.

I'll get even with him one day.

① pretend ② revenge
③ disappoint ④ demolish

11. 다음 문장에서 밑줄 친 made believe의 동의어를 고르시오.

She made believe not to hear me.

① pretended ② revenged
③ disappointed ④ demolished

12. 다음 문장에서 밑줄 친 let me down의 동의어를 고르시오.

Don't let me down.

① pretend me ② revenge me
③ disappoint me ④ demolish me

13. 다음 문장에서 밑줄 친 tear down의 동의어를 고르시오.

I will tear down old buildings.

① pretend ② revenge
③ disappoint ④ demolish

14. 다음 문장에서 밑줄 친 on purpose 의 동의어를 고르시오.

I didn't do it on purpose.

① rapidly ② slowly
③ accidently ④ deliberately

15. 다음 문장에서 밑줄 친 have an effect on 의 동의어를 고르시오.

Colors have an effect on our moods.
buildings.

① allow ② reject
③ affect ④ decline

day
33

» 481
495

481 **a kind of** ▶ 일종의, ~같은[비슷한]

- The smart phone is **a kind of** small computer. 스마트폰은 일종의 작은 컴퓨터입니다.

482 **pass by** ▶ 지나가다, (시간이) 지나다

- Does a school bus **pass by** here? 학교 버스가 이곳으로 지나가나요?

483 **make up** ▶ 만들어내다[지어내다], 구성하다, 화장하다

- He **made up** some excuse. 그는 변명을 지어 냈다.

484 **enjoy oneself** ▶ 즐겁게 지내다 = *have a good time, have fun*

- I hope you **enjoy yourself**. 당신이 즐겁게 지내기를 바라요.

485 **agree with** ▶ ~에(게) 동의하다 ↔ *disagree with* ~와 의견이 맞지 않다

- I'm sorry, but I don't **agree with** you. 죄송하지만, 당신 의견에는 동의하지 않습니다.

486 **get back** ▶ 돌아오다[가다], 돌려받다 = *come back, go back*

- I will call you as soon as I **get back**. 돌아오자마자 너에게 전화할게.

487 **call for** ▶ ~을 요구하다 = *demand, require*

- My son **called for** the raise of his pocket money. 내 아들은 용돈인상을 요구했다.

488 **call back** ▶ 다시 전화 하다

- I will **call** you **back** as soon as possible. 내가 가능한 빨리 다시 전화 할게.

## 489 carry on

▶ 계속하다

- He is **carrying on** his study regardless of the noise. 그는 소음에도 불구하고 공부를 계속한다.

## 490 break in

▶ ① 침입하다 ② 끼어들다 = ***interrupt*** 방해하다, 끼어들다

- An armed robber **broke in** the neighborhood. 무장 강도가 이웃에 침입했다.
- Don't **break in** our conversation so abruptly! 우리 대화에 그렇게 갑자기 끼어들지 좀 마!

## 491 break up

▶ ① 부서지다 ② (관계가) 끝나다

- A glass fell down the table and **broke up** into pieces.
  유리잔이 테이블에서 떨어져서 조각나 버렸다.
- The star couple **broke up** in 100days. 그 스타커플은 100일 만에 헤어졌다.

day 33

## 492 feel down

▶ 마음이 울적하다, 의기소침하다
= ***feel depressed [gloomy/ melancholy]***

- I eat chocolate when I **feel down**. 난 마음이 울적할 때 초콜릿을 먹는다.

## 493 in many ways

▶ 여러 가지 면에서

- He helped me **in many ways**. 그는 여러 가지 면에서 나를 도와줬다.

## 494 of course

▶ 물론

- **Of course**, I can. 물론, 난 할 수 있어요.

## 495 at any time

▶ 아무 때라도

- Please come **at any time** you like. 아무 때라도 편하실 때 오세요.

?

## A 복습하기 1단계 (한국말 예문을 읽어보며 숙어의 뜻을 떠올려보세요.)

1 **a kind of** • 코브라는 a kind of 독사이다.

2 **pass by** • 그의 집을 pass by할 때, 피아노 소리를 들었다.

3 **make up** • 모두 거짓말 이였어. 그건 모두 그가 make up 한 거야.

4 **enjoy oneself** • 그동안 공부하느라 힘들었으니 오늘은 마음 놓고 enjoy yourself 하렴.

5 **agree with** • 늘 난 너와 의견이 달랐지만, 이번만큼은 네 의견에 agree with 해.

6 **get back** • 난 아직 끝내지 못한 일이 있어서 회사로 get back 해야 해.

7 **call for** • 우리 정부는 인질들의 즉각적인 석방을 call for 했다.

8 **call back** • 지금 내가 좀 바빠서 그런데 잠시 뒤에 call back 할게.

9 **carry on** • 그는 지쳐 쓰러질 때까지 달리기를 carry on 했다.

10 **break in** • ① 강도는 창문을 통해 break in 했다.
② 라디오 방송 DJ가 음악 중간에 break in 했다.

11 **break up** • ① 그 배는 암초에 걸려 완전히 break up 되었다.
② 너를 정말 사랑해. 너와 break up 하고 싶지 않아.

12 **feel down** • 우중충한 날씨 때문인지 오늘 feel down 하다.

13 **in many ways** • In many ways, 그의 삶은 우리와 달랐다.

14 **of course** • 너도 피자 시키면 먹을 거지? Of course.

15 **at any time** • 궁금한 게 있으면 at any time 질문해도 좋아.

## B 복습하기 2단계 (숙어의 뜻을 써보세요. 뒷장을 접으면 답이 나옵니다.)

1 **a kind of**

2 **pass by**

3 **make up**

4 **enjoy oneself**

5 **agree with**

6 **get back**

7 **call for**

8 **call back**

9 **carry on**

10 **break in**

11 **break up**

12 **feel down**

13 **in many ways**

14 **of course**

15 **at any time**

?

## C 복습하기 3단계 (다음 중 올바른 것을 고르세요.)

| | | |
|---|---|---|
| 1 일종의, ~같은[비슷한] | □ a kind of | □ a little bit |
| 2 지나가다, 지나다 | □ pass by | □ pass away |
| 3 만들어내다, 구성하다, 화장하다 | □ make allowance for | □ make up |
| 4 즐겁게 지내다 | □ enjoy oneself | □ go through |
| 5 ~에(게) 동의하다 | □ agree with | □ come up with |
| 6 돌아오다[가다], 돌려받다 | □ pay for | □ get back |
| 7 ~을 요구하다 | □ call off | □ call for |
| 8 다시 전화 하다 | □ call back | □ hold on |
| 9 계속하다 | □ carry out | □ carry on |
| 10 ① 침입하다 ② 끼어들다 | □ take part in | □ break in |
| 11 ① 부서지다 ② (관계가) 끝나다 | □ break up | □ make up with |
| 12 마음이 울적하다 | □ feel down | □ settle down |
| 13 여러 가지 면에서 | □ on the other hand | □ in many ways |
| 14 물론 | □ out of breath | □ of course |
| 15 아무 때라도 | □ at any time | □ for good |

day
34

» 496
510

496 **as far as** ▶ ~까지, ~하는 한

- **As far as** I know, she is honest. 내가 아는 한, 그녀는 정직하다.

497 **in trouble** ▶ 곤경에 빠진

- The whole world is **in trouble**. 온 세상이 곤경에 빠져있어요.

498 **for a moment** ▶ 잠시 동안 = *for a while*

- Can I borrow your car **for a moment**? 네 차 좀 잠깐 빌릴 수 있을까요?

499 **focus on** ▶ ~에 초점을 맞추다, ~에 집중하다

- I'm going to **focus on** work. 나는 일에만 집중할거야.

500 **make a reservation** ▶ 예약하다

- I'll call the restaurant and **make a reservation**. 내가 그 식당에 전화를 해서 예약을 할게.

501 **complain about[of]** ▶ ~에 대해 불평하다

- I did not **complain about** that. 전 그것에 대해 불평하지 않았어요.

502 **give it a try** ▶ 시도하다

- Don't be shy and **give it a try**. 부끄러워 말고 한 번 시도해봐.

503 **surf the internet** ▶ 인터넷 검색을 하다

- I usually **surf the internet** when I stay at home. 나는 주로 집에 있을 때 인터넷 서핑을 한다.

504 **deal with** ▶ ~을 다루다, ~을 처리하다

- How do you **deal with** stress? 여러분은 어떻게 스트레스를 다루나요?

505 **give birth to** ▶ ~을 낳다, 생겨나게 하다

- My wife **gave birth to** a son. 나의 아내는 아들을 낳았다.

506 **fall asleep** ▶ 잠들다

- The film was boring, so I **fell asleep**. 그 영화가 지루해서 나는 잠이 들었다.

507 **with a sigh** ▶ 한숨을 쉬며

- She kicked off her shoes **with a sigh**. 그녀는 한숨을 쉬며 신발을 벗어 던졌다.

day 34

508 **with a smile** ▶ 미소를 지으며

- My mother looked at me **with a smile**. 엄마는 미소를 지으며 나를 바라보았다.

509 **with joy** ▶ 기뻐서

- She shouted **with joy**. 그녀는 기뻐서 소리쳤다.

510 **with excitement** ▶ 흥분해서

- Kids were jumping up and down **with excitement**. 아이들이 좋아서 깡충깡충 뛰었다.

?

## A 복습하기 1단계 (한국말 예문을 읽어보며 숙어의 뜻을 떠올려보세요.)

1 **as far as** • As far as I know, 그는 거짓말을 할 리가 없다.

2 **in trouble** • 네가 in trouble 하면 나에게 의지하면 된 다구.

3 **for a moment** • For a moment 달이 태양을 가려서 하늘이 어두워졌다.

4 **focus on** • 딴 생각하지 말구 수업에 focus on 하길 바란다.

5 **make a reservation** • 제주도행 항공편을 make a reservation 하고 싶습니다.

6 **complain about[of]** • 나는 보통 질 나쁜 서비스에 즉각 complain about 한다.

7 **give it a try** • 그렇게 겁쟁이처럼 굴지 말고 한번 give it a try 해봐!

8 **surf the internet** • 이제는 컴퓨터가 아닌 스마트폰으로도 surf the internet 할 수 있다.

9 **deal with** • 문제가 있다면 내가 deal with 할게.

10 **give birth to** • 그녀는 쌍둥이를 give birth to 했다.

11 **fall asleep** • 너무 피곤해서 코트를 입은 채로 fall asleep 해버렸다.

12 **with a sigh** • 그는 with a sigh 하며 "다 끝났어." 라고 말했다.

13 **with a smile** • 그녀는 with a smile 날 반갑게 맞아주셨어.

14 **with joy** • 두 사람은 with joy 얼싸안고 춤을 추었다.

15 **with excitement** • With excitement 내 심장이 쿵쾅 쿵쾅거렸다.

B 복습하기 2단계 (숙어의 뜻을  써보세요. 뒷장을 접으면 답이 나옵니다.)

1 **as far as**

2 **in trouble**

3 **for a moment**

4 **focus on**

5 **make a reservation**

6 **complain about[of]**

7 **give it a try**

8 **surf the internet**

9 **deal with**

10 **give birth to**

11 **fall asleep**

12 **with a sigh**

13 **with a smile**

14 **with joy**

15 **with excitement**

?

## C 복습하기 3단계 (다음 중 올바른 것을 고르세요.)

| | | | |
|---|---|---|---|
| 1 | ~까지, ~하는 한 | □ except for | □ as far as |
| 2 | 곤경에 빠진 | □ in trouble | □ by mistake |
| 3 | 잠시 동안 | □ at times | □ for a moment |
| 4 | ~에 집중하다 | □ focus on | □ fall back on |
| 5 | 예약하다 | □ run away | □ make a reservation |
| 6 | ~에 대해 불평하다 | □ complain about[of] | □ account for |
| 7 | 시도하다 | □ argue with | □ give it a try |
| 8 | 인터넷 검색을 하다 | □ surf the internet | □ see eye to eye |
| 9 | ~을 다루다, 처리하다 | □ do harm | □ deal with |
| 10 | ~을 낳다 | □ give birth to | □ contribute to |
| 11 | 잠들다 | □ look back on | □ fall asleep |
| 12 | 한숨을 쉬며 | □ with a sigh | □ for nothing |
| 13 | 미소를 지으며 | □ with a smile | □ out of the question |
| 14 | 기뻐서 | □ in other words | □ with joy |
| 15 | 흥분해서 | □ by accident | □ with excitement |

day
35

» 511
525

511 **object to** ▶ 반대하다 = ***oppose***

- I don't **object to** you personally. 저는 개인적으로 당신에게 반대하지 않습니다.

512 **pay off** ▶ ① 빚을 갚다 ② 성과를 내다

- He threatened me to **pay off** debts. 그는 빚을 갚으라고 나에게 협박하였다.
- Years of hard work finally **pay off** . 여러 해 동안 노력한 결실을 얻었군요.

513 **brush up on** ▶ 복습[연마]하다

- I should **brush up on** my English. 내 영어 실력을 다시 연마 해야겠어.

514 **come to an end** ▶ 끝나다, 마치다

- The war **came to an end**. 전쟁이 끝났다.

515 **set out** ▶ 시작하다, 출발하다 = ***start, leave***

- I'll **set out** the work at once. 곧 그 일을 시작할거에요.

516 **pick out** ▶ 골라내다, 식별하다 = ***choose, select*** 고르다, ***distinguish*** 식별하다

비교 / ***pick up*** 집다, 줍다, 차에 태우다 ,

- **Pick out** what you want to buy. 네가 사고 싶은걸 골라라.

517 **go for a walk** ▶ 산책하러 가다

비교 / ***Go for it!*** 한번 해봐! 파이팅!

- Many people in Korea **go for a walk** on the weekends.
  한국의 많은 사람들은 주말에 산책하러 갑니다.

518 **go out with** ▶ ~와 사귀다

- I want **go out with** her. 그녀와 데이트하고 싶어.

519 **take over** ▶ 인수하다, 맡다

- I'm going to **take over** the company one day. 나는 언젠가는 그 회사를 인수할 것이다.

520 **be on pins and needles** ▶ 안절부절 못하다 = ***be very nervous***

- **I'm on pins and needles.** 안절부절 못하겠어요.

521 **all the time** ▶ 항상

참고 / ***all the time***은 대개 문장 맨 뒤에 위치하고 ***always***는 *be*동사와 조동사 뒤, 일반동사 앞에 옵니다.

- I feel so lonely **all the time.** 나는 항상 너무 외로워.

522 **once in a blue moon** ▶ 극히 드물게 = ***rarely, infrequently***

- He visits his parents **once in a blue moon.** 그는 부모님은 드물게 찾아뵙는다.

523 **at the same time** ▶ 동시에 = ***simultaneously***

- He was laughing and crying **at the same time.**
  그는 동시에 웃다가 울다가 했다.

524 **on the phone** ▶ 통화중인, 전화로

- Just a moment, I'm **on the phone** to my mother. 잠깐만요 지금 엄마하고 통화하고 있어요.

525 **no way** ▶ 절대 아니다, 싫다

- 'Do you want to go out with her?' '**No way!**' "그녀와 사귀고 싶니?" "절대 아냐!"

?

## A 복습하기 1단계 (한국말 예문을 읽어보며 숙어의 뜻을 떠올려보세요.)

1 **object to** • 우리는 핵무기 사용에 object to 한다.

2 **pay off** • ① 깡패들이 pay off 하라고 나에게 협박하였다.
② 드디어 그동안의 노력이 pay off 했다.

3 **brush up on** • 이번 주말에 수학과목을 다시 brush up on 해야겠어.

4 **come to an end** • 벌써 여름방학이 come to an end 했다는 걸 믿을 수 없어.

5 **set out** • 그는 3년 전에 set out 한 일을 모두 완수했다.

6 **pick out** • 지금 결혼반지를 pick out 하러 가는 중이야.

7 **go for a walk** • 식사 후 강아지와 go for a walk할거야.

8 **go out with** • 나는 더 이상 그와 go out with 하지 않을 거야. 잊어버릴 거야.

9 **take over** • 나는 언젠가는 그 회사를 take over 할 것이다.

10 **be on pins and needles**
•성적표가 부모님 손에 들어갔다는 걸 알았을 때 be on pins and needles 했다.

11 **all the time** • 그는 변비에 시달렸다 all the time.

12 **once in a blue moon** • 그는 영화를 좋아하지 않아서 once in a blue moon 영화관에 간다.

13 **at the same time** • 나는 밥 먹으면서 at the same time 티비보는 걸 좋아한다.

14 **on the phone** • 김대리님은 지금 on the phone 이신데요. 잠시 후에 다시 전화 주세요.

15 **no way** • 군대에 다시 가고 싶니? 'No way!'

## B 복습하기 2단계 (숙어의 뜻을 써보세요. 뒷장을 접으면 답이 나옵니다.)

1 **object to**

2 **pay off**

3 **brush up on**

4 **come to an end**

5 **set out**

6 **pick out**

7 **go for a walk**

8 **go out with**

9 **take over**

10 **be on pins and needles**

11 **all the time**

12 **once in a blue moon**

13 **at the same time**

14 **on the phoney**

15 **no way**

?

## C 복습하기 3단계 (다음 중 올바른 것을 고르세요.)

| | | | |
|---|---|---|---|
| 1 | 반대하다 | □ object to | □ stick to |
| 2 | ① 빚을 갚다<br>② 성과를 내다 | □ take off | □ pay off |
| 3 | 복습[연마]하다 | □ brush up on | □ draw up |
| 4 | 끝나다, 마치다 | □ come to an end | □ come up with |
| 5 | 시작하다, 출발하다 | □ pick out | □ set out |
| 6 | 골라내다, 식별하다 | □ give in | □ pick out |
| 7 | 산책하러 가다 | □ go for a walk | □ hang out with |
| 8 | ~와 사귀다 | □ get even with | □ go out with |
| 9 | 인수하다, 맡다 | □ get over | □ take over |
| 10 | 안절부절 못하다 | □ keep one's head | □ be on pins and needles |
| 11 | 항상 | □ all the time | □ at times |
| 12 | 극히 드물게 | □ once in a blue moon | □ in vain |
| 13 | 동시에 | □ in need | □ at the same time |
| 14 | 통화중인, 전화로 | □ in other words | □ on the phone |
| 15 | 절대 아니다, 싫다 | □ for good | □ no way |

day
36

» 526
540

526 **apply for** ▶ ~에 지원하다, ~을 신청하다

- I'm here to **apply for** team manager. 팀 매니저에 지원하러 여기 왔어요.

527 **apply to N** ▶ ~에 적용되다, 해당되다

- It doesn't **apply to** me because I'm not a criminal.
  나는 범죄자가 아니기 때문에 나한테 적용되지 않아.

528 **enough to V** ▶ ~ 할 만큼 충분히

- He is strong **enough to** carry the heavy box. 그는 무거운 상자를 옮길 만큼 힘이 세다.

529 **prior to** ▶ ~보다 이전에 = ***before, in advance of, ahead of***

- She went to Busan **prior to** her graduation. 그녀는 졸업 전에 부산에 갔다.

530 **be fond of** ▶ ~을 좋아하다 = ***like***

- I **am fond of** traveling. 난 여행을 좋아해.

531 **blame A for B** ▶ B에 대해 A를 비난하다

- They **blame** police **for** not taking proper measures.
  그들은 적절한 조치를 취하지 않고 있는 것에 대해 경찰을 비난하고 있다.

532 **accuse A of B** ▶ B에 대해 A를 비난하다 = ***charge A with B***

- He **accused** the official **of** taking bribes. 그는 뇌물을 받았다고 그 공무원을 비난했다.

533 **dispense with** ▶ ~ 없이 지내다 = ***do without***

- I cannot **dispense with** my cellphone. 나는 핸드폰 없이는 지낼 수 없다.

534 **do without** ▶ ~없이 지내다

- Don't worry. We can **do without** you. 걱정 마. 너 없이도 우린 잘 지낼 수 있으니까.

535 **wrap up** ▶ 마치다, 끝내다 = *finish*

- I want to **wrap up** this project as quickly as possible.
  나는 이 프로젝트를 가능하면 빨리 끝내고 싶다

536 **at a time** ▶ 한번에

- She **at a time** the stairs two at a time. 그녀는 한 번에 두 단씩 뛰어 계단을 올라갔다.

537 **be into** ▶ ~에 관심이 있다, ~에 빠져있다

- He**'s into** surfing the internet. 그는 인터넷 서핑에 빠져있다.

day 36

538 **cope with** ▶ (어려움에) 대처하다

- We have to **cope with** the current financial difficulties. 우리는 지금의 재정난에 잘 대처해야 합니다.

539 **drop out** ▶ 중도에 그만두다, 학교를 중퇴하다

- He took my advice and did not **drop out** of school. 그는 내 조언을 받아들여 학교를 중퇴하지 않았다.

540 **interfere in[with]** ▶ ~을 간섭하다, 방해하다 = *interrupt*

주의 / ***interfere*** 는 자동사이므로 항상 ***in*** 또는 ***with***가 뒤에 나와야함

- Please do not **interfere in** my work. 제발 내 일에 간섭하지 마라.

## A 복습하기 1단계 (한국말 예문을 읽어보며 숙어의 뜻을 떠올려보세요.)

1 **apply for** • 자동차 정비공 일자리에 apply for 하려고 왔습니다.

2 **apply to N** • 강아지 출입금지는 나에게 apply to 하지 않아. 난 고양이니까.

3 **enough to V** • 내 걱정은 하지 마. 난 이미 old enough to do it myself 하니까.

4 **prior to** • 나는 신문사에서 일하기 prior to 자동차 회사에서 근무했었다.

5 **be fond of** • 내 남동생은 컴퓨터 게임을 be fond of 한다.

6 **blame A for B** • 그가 blame me for the mistake 했을 때 너무 부끄러웠다.

7 **accuse A of B** • 그녀가 accuse me of lying 했을 때 나는 이성을 잃을 정도로 화가 났다.

8 **dispense with** • 우리 사이에 격식은 dispense with 해도 될 것 같은데요.

9 **do without** • 그 동네는 며칠간 do without electricity 해야 했다.

10 **wrap up** • 만약 당신이 저희의 가격을 받아들이시면 이 거래를 wrap up 할 수 있습니다.

11 **at a time** • At a time 너무 많은 질문을 쏟아내지 마라.

12 **be into** • 내 여동생은 요즘 추리소설에 be into 해 있다.

13 **cope with** • 비상 상황에 잘 cope with 하는 방법을 마련해야 합니다.

14 **drop out** • 나는 음악을 하기 위해 학교를 drop out했다.

15 **interfere in[with]** • 남의 일에 interfere in 하는 것은 내 성격에 맞지 않는다.

## B 복습하기 2단계 (숙어의 뜻을 써보세요. 뒷장을 접으면 답이 나옵니다.)

1 **apply for**

2 **apply to N**

3 **enough to V**

4 **prior to**

5 **be fond of**

6 **blame A for B**

7 **accuse A of B**

8 **dispense with**

9 **do without**

10 **wrap up**

11 **at a time**

12 **be into**

13 **cope with**

14 **drop out**

15 **interfere in[with]**

## C 복습하기 3단계 (다음 중 올바른 것을 고르세요.)

| | | | |
|---|---|---|---|
| 1 | ~에 지원하다, 신청하다 | □ account for | □ apply for |
| 2 | ~에 적용되다, 해당되다 | □ apply to | □ contribute to |
| 3 | ~ 할 만큼 충분히 | □ enough to V | □ tend to V |
| 4 | ~보다 이전에 | □ except for | □ prior to |
| 5 | ~을 좋아하다 | □ be fond of | □ be absent from |
| 6 | B에 대해 A를 비난하다 | □ blame A for B | □ leave A for B |
| 7 | B에 대해 A를 비난하다 | □ remind A of B | □ accuse A of B |
| 8 | ~ 없이 지내다 | □ take advantage of | □ dispense with |
| 9 | ~없이 지내다 | □ take the place of | □ do without |
| 10 | 마치다, 끝내다 | □ wrap up | □ go abroad |
| 11 | 한번에 | □ all the time | □ at a time |
| 12 | ~에 빠져 있다 | □ be into | □ be located in |
| 13 | (어려움에) 대처하다 | □ happen to | □ cope with |
| 14 | 중도에 그만두다 | □ drop out | □ break out |
| 15 | ~을 간섭하다, 방해하다 | □ interfere in[with] | □ get better |

# 마이 리틀 테스트

## 9회 (33 ~36 day)

# 마이 리틀 테스트 9회 (33 ~36 day)

1. 알맞은 우리말과 연결하세요.

| | |
|---|---|
| agree with • | • 중퇴하다 |
| carry on • | • ~없이 지내다 |
| dispense with • | • 동의하다 |
| cope with • | • 계속하다 |
| drop out • | • 대처하다 |
| a kind of • | • 물론 |
| in many ways • | • 여러 가지 면에서 |
| of course • | • 일종의, 비슷한 |
| at any time • | • 한숨을 쉬며 |
| with a sigh • | • 아무 때라도 |

2. 다음 빈칸에 알맞은 말을 〈보기〉에서 골라 적절히 고쳐 쓰세요.

**make up / apply for / break up / break in / enjoy oneself**

① 당신이 즐겁게 지내기를 바라요.

I hope you ______________ .

② 그는 변명을 지어 냈다.

He ______________ some excuse.

③ 그 스타커플은 100일 만에 헤어졌다.

The star couple ____________ in 100days.

④ 팀 매니저에 지원하러 여기 왔어요.

I'm here to __________ team manager.

⑤ 무장 강도가 이웃에 침입했다.

An armed robber ____________ the neighborhood.

3. 다음 문장에서 pay off 의 의미로 알맞은 것을 고르시오.

He threatened me to pay off debts.

① 성과를 내다 ② 빚을 갚다
③ 빚을 지다 ④ 겁주다, 위협하다

4. 다음 문장에서 pay off 의 의미로 알맞은 것을 고르시오.

Years of hard work finally pay off.

① 성과를 내다 ② 빚을 갚다
③ 빚을 지다 ④ 겁주다, 위협하다

5. 다음 문장에서 brush up on 의 의미로 알맞은 것을 고르시오.

I should brush up on my English.

① 청소하다 ② 이를 닦다
③ 복습[연마]하다 ④ 중도에 그만두다

6. 다음 문장에서 go out with 의 의미로 알맞은 것을 고르시오.

I want go out with her.

① 외식하다 ② 외출하다
③ 사귀다 ④ 다투다

7. 다음 문장에서 밑줄 친 called for 의 동의어를 고르시오.

My son called for the raise of his pocket money.

① demanded ② interrupted
③ chose ④ started

**8. 다음 문장에서 밑줄 친 break in 의 동의어를 고르시오.**

Don't <u>break in</u> our conversation so abruptly!

① demand ② interrupt
③ choose ④ start

**9. 다음 문장에서 밑줄 친 Pick out 의 동의어를 고르시오.**

<u>Pick out</u> what you want to buy.

① Demand ② Interrupt
③ Choose ④ Start

**10. 다음 문장에서 밑줄 친 set out 의 동의어를 고르시오.**

I'll <u>set out</u> the work at once.

① demand ② interrupt
③ choose ④ start

**11. 빈칸에 알맞은 전치사를 고르시오.**

I'm going to focus ______ work.
나는 일에만 집중할거야.
Just a moment, I'm ______ the phone to my mother.
잠깐만요 지금 엄마하고 통화하고 있어요.

① with – upon ② on – from
③ without – of ④ on – on

**12. 빈칸에 알맞은 전치사를 고르시오.**

The whole world is ______ trouble.
온 세상이 곤경에 빠져있어요.
My mother looked at me ______ a smile.
엄마는 미소를 지으며 나를 바라보았다.

① in – without ② into – from
③ without – of ④ in – with

**13. 빈칸에 알맞은 전치사를 고르시오.**

They blame police ______ not taking proper measures.

He accused the official ______ taking bribes.

① with – of ② on – from
③ for – of ④ for – with

**14. 다음 빈칸에 알맞은 보기를 고르시오.**

I don't ______ you personally.
저는 개인적으로 당신에게 반대하지 않습니다.

① oppose to ② object to
③ get even with ④ make up

day
37

» 541
555

541 **yield to** ▶ ~에 양보하다

- Cars are supposed to **yield to** pedestrians. 차들이 당연히 보행자에게 양보해야한다.

542 **give way to** ▶ ① ~에 양보[굴복]하다 ② ~로 바뀌다[대체되다]

- He never **gave way to** temptation. 그는 결코 유혹에 굴복하지 않았다.
- Walkman **gave way to** MP3. 워크맨이 MP3로 대체되었다.

543 **kick off** ▶ 시작하다 = ***start***

참고 / 축구에서 공을 차는 순간 경기가 시작되는 것에서 유래하였다.

- What time do the fireworks **kick off**? 불꽃놀이 몇 시에 시작하지?

544 **take ~ for granted** ▶ ~을 당연한 것으로 여기다

- We **take** our parents' love **for granted**. 우리는 부모님의 사랑을 당연한 것으로 여긴다.

545 **amount to N** ▶ 총액이 ~에 이르다[달하다]

- His earning **amount to** 30 million won a year. 그의 소득은 년 3000만원에 이른다.

546 **check in** ▶ (호텔에서) 투숙 수속을 하다, (공항에서) 탑승 수속을 하다 ↔ ***check out***

참고 / ***check out*** (호텔 등에서) 계산을 하고 나오다

- Go **check in** at the hotel, and call me from there.
  호텔가서 체크인하고 거기서 나한테 전화 좀 줘요.

547 **get on** ▶ (버스, 열차, 비행기, 배 등에) 타다 = ***board***

비교 / ***get in*** (승용차, 택시 등에 ) 타다

- When she **got on** the bus, she put the umbrella down beside her.
  버스를 탔을 때 그녀는 우산을 옆에 내려놓았다.

548 **get off** ▶ (탈것에서) 내리다

- He didn't **get off** at the right stop again. 그는 내릴 곳을 또 지나쳤습니다.

549 **out of the question** ▶ 불가능한 = *impossible*

- Another trip abroad this year is **out of the question**.
  올해 또 한 번 해외여행을 가는 것은 불가능하다.

550 **keep A from ~ing** ▶ A가 ~ 하는 것을 막다 = *prevent[stop] A from ~ing*

- The church bells **keep** me **from** sleep**ing**. 교회 종소리 때문에 내가 잠을 잘 수가 없다.

551 **let alone** ▶ ~은 물론이고[커녕]

- There isn't enough room for us, **let alone** any guests.
  손님은 물론이고 우리 쓸 공간도 충분치가 않다.

552 **tend to** ▶ ~하는 경향이 있다

- She **tends to** overuse credit cards. 그녀는 신용카드를 너무 많이 사용하는 경향이 있다.

553 **no matter** ▶ 상관없다

- It does**n't matter** how old he is. 그가 몇 살인지는 상관없어.

554 **no matter what happens** ▶ 무슨 일이 있든지

- **No matter what happens**, I'll always be with you.
  무슨 일이 있어도, 난 항상 너와 함께 있을 거야.

555 **be capable of** ▶ ~을 할 수 있다, ~할 능력이 있다 = *be able to V*

- **I'm** perfectly **capable of** doing it alone. 난 혼자서도 이걸 완벽하게 해 낼 수 있어요.

?

## A 복습하기 1단계 (한국말 예문을 읽어보며 숙어의 뜻을 떠올려보세요.)

1 **yield to** • 아무도 할머니께 자리를 yield to 하려 하지 않았다.

2 **give way to** • ① 운전자로서 나는 항상 보행자들에게 길을 give way to 합니다.
② 낡은 책상들이 모두 새 책상으로 give way to 되었다.

3 **kick off** • 다음 월드컵은 2018년 6월 14일에 kick off 한다.

4 **take ~ for granted** • 우리는 부모님의 사랑을 take for granted 하면 안 된다.

5 **amount to N** • 홈페이지 제작비용은 총 200만원에 amount to 했다.

6 **check in** • 지금 check in 하려고 공항에서 줄 서 있는 중이에요.

7 **get on** • 저는 비행기에 get on 하는 것을 무서워합니다.

8 **get off** • 성균관대에 가려면 어느 지하철역에서 get off 해야 하죠?

9 **out of the question** • 지금 내 월급으로는 서울에서 집을 사는 건 out of the question 하다.

10 **keep A from ~ing** • 갑작스런 청각상실은 keep him from composing music 했다.

11 **let alone** • Let alone 범인의 얼굴, 인상착의도 기억나지 않아.

12 **tend to V** • 우리 엄마는 모든 걸 과장해서 말하는 tend to 가 있다.

13 **no matter** • 사람들이 뭐라 말하더라도 no matter 하다. 나는 진실을 알고 있으니까.

14 **no matter what happens** • No matter what happens, 폭력을 쓰면 안 된다.

15 **be capable of** • 저는 이 일을 하고 싶고 이 일을 be capable of 합니다. 저를 뽑으신다면 후회 없을 거예요.

## B 복습하기 2단계 (숙어의 뜻을 써보세요. 뒷장을 접으면 답이 나옵니다.)

1 **yield to**

2 **give way to**

3 **kick off**

4 **take ~ for granted**

5 **amount to N**

6 **check in**

7 **get on**

8 **get off**

9 **out of the question**

10 **keep A from ~ing**

11 **let alone**

12 **tend to V**

13 **no matter**

14 **no matter what happens**

15 **be capable of**

## C 복습하기 3단계 (다음 중 올바른 것을 고르세요.)

| | | | |
|---|---|---|---|
| 1 | ~에 양보하다 | □ yield to | □ prior to |
| 2 | ① ~에 양보[굴복]하다<br>② ~로 바뀌다[대체되다] | □ apply to | □ give way to |
| 3 | 시작하다 | □ kick off | □ put off |
| 4 | 당연한 것으로 여기다 | □ take ~ for granted | □ take ~ into account |
| 5 | 총액이 ~에 이르다 | □ contribute to | □ amount to |
| 6 | 투숙[탑승] 수속을 하다 | □ interfere in | □ check in |
| 7 | 타다 | □ get on | □ put on |
| 8 | (탈것에서) 내리다 | □ fall back on | □ get off |
| 9 | 불가능한 | □ out of the question | □ for sure |
| 10 | A가 ~ 하는 것을 막다 | □ keep A from ~ing | □ tell A from B |
| 11 | ~은 물론이고[커녕] | □ what is more | □ let alone |
| 12 | ~하는 경향이 있다 | □ enough to V | □ tend to V |
| 13 | 상관없다 | □ no matter | □ find out |
| 14 | 무슨 일이 있든지 | □ to tell the truth | □ no matter what happens |
| 15 | ~을 할 수 있다 | □ appeal to | □ be capable of |

day
38

» 556
570

556 **be occupied with** ▶ ~로 바쁘다 = *be busy with*

- She **was occupied with** studying. 그녀는 공부하느라 바쁘다.

557 **derive from** ▶ ~에서 나오다, 유래하다

- These English words **derive from** Greek. 이 영어 단어들은 그리스어에서 유래된 것이다.

558 **major in** ▶ ~을 전공하다 = *specialize in*

- She **majored in** law at Seoul National University. 그녀는 서울대에서 법학을 전공했다.

559 **make allowance for** ▶ ~을 참작[고려]하다

- Don't be so critical; you have to **make allowance for** a beginner.
  너무 까다롭게 굴지 마라. 초보자인 것을 참작해야 한다.

560 **play it by ear** ▶ 즉석으로 하다, 그때 상황 봐서 하다

- We decided to **play it by ear**. 우린 그냥 즉흥적으로 해결하기로 했어요.

561 **screw up** ▶ 망치다 = *spoil*

- I promise, this time I will not **screw up**. 약속해, 이번엔 망치지 않을게.

562 **throw up** ▶ 토하다 = *vomit*

- The smell was so terrible. I feel like I might **throw up**.
  냄새가 너무 끔찍해요. 전 토할 것만 같습니다.

563 **tie up** ▶ ① 묶다 ② 몹시 바쁘다 ③ 방해하다

- **Tie up** your shoelaces! 네 신발 끈 묶어!
- I can't see you tomorrow. I'll be **tied up** all day. 내일 널 못 만나. 하루 종일 몹시 바쁠 거야.
- Protestors **tied up** traffic for five hours. 항의자들이 교통을 5시간 동안 방해했다.

564 **on earth** ▶ 도대체

- **What on earth** do you want? 도대체 뭘 원해?

565 **spring from** ▶ ~에서 나오다, ~출신이다

- Where on earth did you **spring from**? 도대체 넌 어디서 갑자기 나타난 거니?

566 **be crazy about** ▶ ~에 열광하다,~에 푹 빠져있다 = ***be into***

- My brother **is crazy about** Hip Hop music. 내 남동생은 힙합 음악에 푹 빠져있다.

567 **go too far** ▶ 정도가 지나치다

- He's always been quite crude, but this time he's **gone too far**.
  그가 언제나 상당히 무례하긴 했지만 이번에는 도를 넘었다.

568 **in case of** ▶ ~의 경우에

- **In case of** rain, the game will be called off. 비가 내릴 경우 경기는 중지될 것이다.

day 38

569 **be likely to V** ▶ ~할 것 같다

- It **is likely to** rain soon. 곧 비가 올 것 같다.

570 **It beats me.** ▶ 도저히 모르겠다
= ***I have no idea. God only knows. It's (all) Greek to me.***

- **It beats me** how you get such high marks without studying.
  당신은 공부도 하지 않으면서 어떻게 그런 좋은 점수를 받는지 도저히 모르겠어요.

?

## A 복습하기 1단계 (한국말 예문을 읽어보며 숙어의 뜻을 떠올려보세요.)

1 **be occupied with** • 아버지는 요즘 회사일로 be occupied with 하다.

2 **derive from** • 이 영어 단어들은 그리스어에서 derive from 된 것이다.

3 **major in** • 나는 대학에 가면 교육학을 major in 하고 싶다.

4 **make allowance for** • 그들이 신입사원인걸 make allowance for해서 실수해도 좀 봐주도록 해.

5 **play it by ear** • 대사를 다 외우지 못해서 그냥 어느 정도는 play it by ear 하려고요.

6 **screw up** • 공부를 제대로 못했어. 이번 중간고사는screw up 할 것 같아.

7 **throw up** • 나는 배를 타는 게 너무 무서워. 꼭 throw up 하거든.

8 **tie up** • 유진아. 너는 머리를 푸는 것 보단 tie up 하는 게 더 나아.

9 **on earth** • On earth 왜 화가 난 거야? 말을 해야 할 거 아니야!

10 **spring from** • 그 영화의 아이디어는 모두 상상에서 spring from 한 것이었다.

11 **be crazy about** • 그는 야구에 be crazy about 해서 시합은 빼놓지 않고 구경합니다.

12 **go too far** • 네가 짓궂은 건 알고 있었지만 이번 농담은 go too far 했어.

13 **in case of** • In case of fire, 비상벨을 울리시오.

14 **be likely to V** • 그와 그녀는 요즘 너무 자주 싸워. 곧 그 커플은 be likely to break up 이야.

15 **It beats me.** • 나는 수학 문제 푸는 게 너무 어려워. It beats me.

## B 복습하기 2단계 (숙어의 뜻을 써보세요. 뒷장을 접으면 답이 나옵니다.)

1 **be occupied with**

2 **derive from**

3 **major in**

4 **make allowance for**

5 **play it by ear**

6 **screw up**

7 **throw up**

8 **tie up**

9 **on earth**

10 **spring from**

11 **be crazy about**

12 **go too far**

13 **in case of**

14 **be likely to V**

15 **It beats me.**

## C 복습하기 3단계 (다음 중 올바른 것을 고르세요.)

| | | | |
|---|---|---|---|
| 1 | ~로 바쁘다 | □ be content with | □ be occupied with |
| 2 | ~에서 나오다, 유래하다 | □ derive from | □ refrain from |
| 3 | ~을 전공하다 | □ major in | □ interfere in |
| 4 | ~을 참작[고려]하다 | □ count on | □ make allowance for |
| 5 | 즉석으로 하다 | □ play it by ear | □ take advantage of |
| 6 | 망치다 | □ tear down | □ screw up |
| 7 | 토하다 | □ settle down | □ throw up |
| 8 | ① 묶다 ② 몹시 바쁘다 ③ 방해하다 | □ tie up | □ call out |
| 9 | 도대체 | □ for instance | □ on earth |
| 10 | ~에서 나오다 | □ take after | □ spring from |
| 11 | ~에 열광하다 | □ be crazy about | □ be happy with |
| 12 | 정도가 지나치다 | □ go too far | □ go by |
| 13 | ~의 경우에 | □ in contrast | □ in case of |
| 14 | ~할 것 같다 | □ be likely to V | □ can afford to V |
| 15 | 도저히 모르겠다. | □ Never mind. | □ It beats me. |

day
39

» 571
585

571 **hang up** ▶ 전화를 끊다

비교 / ***pick up the phone, answer the phone*** 전화를 받다

- After I **hung up** I remembered what I'd wanted to say.
  나는 전화를 끊은 후에 하고 싶었던 말이 생각났다.

572 **go up** ▶ 오르다, 증가하다 = ***rise***

- I will **go up** the mountain with my friend. 난 내 친구와 함께 산에 올라 갈 거야.
- Once summer comes, the fruit prices will **go up.** 여름이 오면 과일 가격이 올라갈 거예요.

573 **work for** ▶ ~에서 근무하다, ~을 위해 일하다

비교 / ***work for*** (회사, 고용주)~에서 일하다, ***work at[in]*** (장소, 근무지)~에서 일하다

- He **works for** a entertainment company. 그는 엔터테인먼트 회사에서 일한다.

574 **on sale** ▶ ① 판매중인[구입할 수 있는] ② 할인 판매중인

비교 / ***for sale*** 팔려고 내놓은, 판매용인

- Tickets are **on sale** from the booking office. 표는 예매소에서 구입할 수 있습니다.
- Ice cream is **on sale** for half price. 아이스크림이 반값으로 할인 판매중이다.

575 **so ~ that** ▶ 너무 ~ 해서 ~ 하다

- She was **so** weak **that** she couldn't stand up. 그녀는 너무 약해서 일어설 수도 없었다.

576 **so that** ▶ 그래서, 그 결과

- He studied hard **so that** he could go to the best university.
  그는 열심히 공부해서 그 결과 최고의 대학에 갈 수 있었다.

577 **get married to + 사람** ▶ ~와 결혼하다 = ***marry*** **+** 사람

- He **got married to a woman** of the same age. 그는 동갑인 여자와 결혼했다.

578 **kill time** ▶ (빈둥거리며)시간을 보내다

- I usually play games or watch movies to **kill time**.
  나는 주로 시간을 보내기 위해 게임을 하거나 영화를 봅니다.

579 **fall behind** ▶ 뒤떨어지다, 뒤처지다

Don't **fall behind** in your studies or you'll never catch up.
공부에 뒤처지지 마. 그렇게 되면 절대 못 따라가게 돼.

580 **prefer A to B** ▶ B보다 A를 더 좋아하다

참고 / 비교급에서는 보통 '~보다'는 ***than***이 주로 쓰이는데, 예외적으로 ***prefer***는 ***than*** 대신 ***to***가 쓰인다.

The child **prefers** his imaginary world **to** reality.
그 아이는 현실보다 상상의 세계를 더 좋아한다.

581 **be worth N[V~ing]** ▶ 도저히 모르겠다

비교 / ***be worthy of N[V~ing]***
***worth*** 뒤에는 반드시 명사가 와야 하며, ***worthy***는 뒤에 명사를 쓰려면 전치사 ***of***의 도움이 있어야 한다.

This article **is worth** read**ing** carefully.
이 기사는 주의 깊게 읽을 만한 가치가 있다.

582 **be sold out** ▶ 다 팔리다, 매진되다

The YG Family concert tickets have **been sold out**. YG 패밀리 콘서트 표는 매진됐어.

day 39

583 **It takes + 시간 + to V** ▶ ~ 하는데 시간이 걸리다

**It takes 48 hours to travel** from Chicago to L.A.
기차로 시카고에서 L.A. 까지 가는데 48시간이 걸린다.

584 **devote oneself to N** ▶ ~에 몰두[전념]하다, ~에 헌신하다 = ***give oneself to***

He **devotes himself to** his family. 그는 가정에 헌신한다[충실하다].

585 **be dedicated to N[V~ing]** ▶ ~에 전념하다, 헌신하다 = ***be devoted to N[V~ing]***, = ***be committed to N[V~ing]***

The doctor **is dedicated to** curi**ng** the sick. 그 의사는 환자들을 낫게 하는데 헌신합니다.

?

## A 복습하기 1단계 (한국말 예문을 읽어보며 숙어의 뜻을 떠올려보세요.)

1 **hang up** • 화나는 건 알지만 hang up 하지 마. 대화로 풀자.

2 **go up** • 이 산은 경사가 너무 급해. 더는 go up 못 하겠어.

3 **work for** • 대학을 졸업하고 신문사에서 work for 하고 싶어요.

4 **on sale** • 저희 신재품은 이번 달 말에 on sale에 들어갈 것입니다.

5 **so ~ that** • 그녀는 so weak that 자주 감기에 걸리곤 했다.

6 **so that** • 그는 열심히 운동해서 so that 몸짱이 될 수 있었다.

7 **get married to** • 그는 결국 꿈에 그리던 여자와 get married to 하여 행복하게 살았습니다.

8 **kill time** • 그 영화는 감동은 없었지만 kill time하기에는 좋았다.

9 **fall behind** • 그는 경쟁에서 fall behind 하지 않기 위해 더 열심히 노력했다.

10 **prefer A to B** • 내 동생은 특이하게도 prefer studying to playing 한다. 미친 걸까?

11 **be worth N[V~ing]** • 이 뉴스기사는 한줄 한줄 주의 깊게 be worth reading 하다.

12 **be sold out** • 편의점 마다 허니버터칩이 be sold out 되는 현상이 발생하였다.

13 **It takes+ 시간 + to V** • 서둘러! 늦었다고. It takes 2 hours to get the airport.

14 **devote oneself to N** • 이제부터 가수는 그만두고 연기에만 devote myself to 할 생각이에요.


15 **be dedicated to** • 그는 일제 강점기 동안 한국 문화를 보존하는데 be dedicated to 했습니다.

## B 복습하기 2단계 (숙어의 뜻을 써보세요. 뒷장을 접으면 답이 나옵니다.)

1 **hang up**

2 **go up**

3 **work for**

4 **on sale**

5 **so ~ that**

6 **so that**

7 **get married to**

8 **kill time**

9 **fall behind**

10 **prefer A to B**

11 **be worth N[V~ing]**

12 **be sold out**

13 **It takes + 시간 + to V**

14 **devote oneself to N**

15 **be dedicated to**

## C 복습하기 3단계 (다음 중 올바른 것을 고르세요.)

| | | | |
|---|---|---|---|
| 1 | 전화를 끊다 | □ hold on | □ hang up |
| 2 | 오르다, 증가하다 | □ go up | □ pick up |
| 3 | ~에서 근무하다 | □ work for | □ be eager for |
| 4 | ① 판매중인<br>② 할인 판매중인 | □ on sale | □ of course |
| 5 | 너무 ~ 해서 ~ 하다 | □ as far as | □ so ~ that |
| 6 | 그래서, 그 결과 | □ so that | □ idle away |
| 7 | 사람 ~와 결혼하다 | □ get even with | □ get married to |
| 8 | 시간을 보내다 | □ wonder about | □ kill time |
| 9 | 뒤떨어지다, 뒤처지다 | □ fall behind | □ take after |
| 10 | B보다 A를 더 좋아하다 | □ add A to B | □ prefer A to B |
| 11 | ~ 할 가치가 있다 | □ be worth N[V~ing] | □ put off V~ing |
| 12 | 다 팔리다, 매진되다 | □ be busy with | □ be sold out |
| 13 | ~ 하는데 시간이 걸리다 | □ It takes + **시간** + to V | □ spend + **시간** + ~ing |
| 14 | ~에 몰두[전념]하다 | □ contribute to | □ devote oneself to |
| 15 | ~에 전념하다, 헌신하다 | □ be ashamed of | □ be dedicated to |

day
40

» 586
600

586 **have ants in one's pants** ▶ 안절부절 못하다, 몹시 불안해하다

- He seemed to **have ants in his pants.** 그는 불안해서 안절부절 못하는 것 같더라.

587 **provide A with B** ▶ A에게 B를 제공하다 = ***supply A with B, provide B for[to] A***

- We will **provide** customers **with** an extra gift. 우리는 고객에게 추가 경품을 제공할 것입니다.

588 **turn over** ▶ 뒤집다, 넘기다

- If you **turn over** the page, you can see the answer. 페이지를 넘기시면 정답을 볼 수 있습니다.

589 **turn A into B** ▶ A를 B로 바꾸다 = ***change A into B***

- Ten years of prison had **turned** him **into** an old man.
  10년의 수감 생활은 그를 늙은 영감으로 바꾸었다.

590 **turn into** ▶ ~로 변하다, ~이 되다 = ***change into***

- Our dream holiday **turned into** a nightmare. 우리가 꿈꾸던 휴가가 악몽으로 변했다.

591 **may[might] as well V** ▶ ~하는 것이 좋다[낫다] = ***had better V***

- You **may as well** keep the money in your wallet. 돈을 지갑에 간수하는 게 좋을 거야.

592 **of no use** ▶ 쓸모없는 ↔ of use 쓸모 있는 (useful)

비교 / ***of importance*** 중요한(***important***)

- What I had been studying turned out to be **of no use** to me.
  여태껏 했던 공부가 쓸모없는 것이 되어 버렸다.

593 **abound in** ▶ ~이 많이 있다[풍부하다] = ***be rich in***

비교 / ***abundant*** 풍부한

- Similar examples **abound in** other cases. 유사한 사례들이 다른 경우에 무수히 많다.

594 **get[be] lost** ▶ 길을 잃다

비교 / ***be lost in*** ①길을 잃다 ② (관심이)~에 빠져있다

- They **got lost in** the desert and starved to death.
  그들은 사막에서 길을 잃고 굶어 죽었다.

595 **be made of** ▶ ~로 만들어지다

참고 / 재료의 질이 변하지 않는 경우

- All our furniture **is made of** wood. 우리의 모든 가구는 나무로 만들어졌다.

596 **be made from** ▶ ~로 만들어 지다

참고 / 재료의 질이 변하는 경우

- Wine **is made from** grape. 와인은 포도로 만들어졌다.

597 **up to N** ▶ ① ~에 달려있는 ② ~까지

- It's **up to** you. 너에게 달려있어[너 좋을 대로 정해].
- I can take **up to** four people in my car. 내 차에는 네 사람까지 태울 수 있다.

598 **wear out** ▶ ① 닳아 지게 하다 ② 지치게 하다 = ***exhaust, tire out***

day 40

- He played the tape again and again until it was **worn out**.
  그는 닳을 때까지 그 테이프를 반복해서 틀었다.
- All this shopping has **worn** us **out**. 이 모든 쇼핑이 우리를 지치게 했다.

599 **all but** ▶ 거의 = ***almost, nearly***

- The party was **all but** over when we arrived. 우리가 도착했을 때는 파티가 거의 끝나 가고 있었다.

600 **anything but N** ▶ ~이 결코 아닌 = ***never***

비교 / ***nothing but N*** 단지 ~일 뿐인(***only***)

- I want **anything but** a curry dish. 나는 결코 카래 요리는 원하지 않아.

?

## A 복습하기 1단계 (한국말 예문을 읽어보며 숙어의 뜻을 떠올려보세요.)

1 **have ants in one's pants** • 무대에 오르기 전 그는 have ants in his pants 했다.

2 **provide A with B** • 우리는 provide the public with a service 하기 위해 여기 있는 것임을 명심하세요.

3 **turn over** • 시간이 다 되었습니다. 시험지를 turn over 하세요.

4 **turn A into B** • 보름달은 turn him into a wolfman 했다.

5 **turn into** • 더운 날씨 때문에 얼음은 모두 물로 turn into 했다.

6 **may[might] as well V** • 그 건달들이 널 찾고 있어. 너는 빨리 떠나는 게 may as well 해.

7 **of no use** • 이 옷 너 가질래? 나는 사이즈가 안 맞아서 of no use 하거든.

8 **abound in** • 그 호수들에는 다양한 물고기가 abound in 하다.

9 **get[be] lost** • 그 사냥꾼은 눈 속에서 get lost 해서 왔던 길로 되돌아가야만했다.

10 **be made of** • 이 탁자는 플라스틱이 아닌 나무로 be made of 하다.

11 **be made from** • 치즈는 우유로 be made from 합니다.

12 **up to N** • ① 네가 성공할지 못할지는 up to you 하지. ② 숫자 1부터 up to ten 세어보세요.

13 **wear out** • ① 그는 새 신발을 갖고 싶어서 일부러 신발을 wear out했다.
② 너무 더운 날씨와 계속 되는 행군이 우리를 wear out하게 했다.

14 **all but** • 그 소년은 all but 차에 치일 뻔 했다.

15 **anything but N** • 비수기라 가격이 쌀 줄 알았지만 그 호텔은 anything but cheap 했다.

B 복습하기 2단계 (숙어의 뜻을 써보세요. 뒷장을 접으면 답이 나옵니다.)

1 have ants in one's pants

2 provide A with B

3 turn over

4 turn A into B

5 turn into

6 may[might] as well V

7 of no use

8 abound in

9 get[be] lost

10 be made of

11 be made from

12 up to N

13 wear out

14 all but

15 anything but N

## C 복습하기 3단계 (다음 중 올바른 것을 고르세요.)

| | | | |
|---|---|---|---|
| 1 | 안절부절 못하다 | □ have ants in one's pants | □ burst into tears |
| 2 | A에게 B를 제공하다 | □ regard A as B | □ provide A with B |
| 3 | 뒤집다, 넘기다 | □ turn over | □ head for |
| 4 | A를 B로 바꾸다 | □ turn A into B | □ prefer A to B |
| 5 | ~로 변하다, ~이 되다 | □ come from | □ turn into |
| 6 | ~ 하는 것이 좋다 | □ dare to V | □ may[might] as well V |
| 7 | 쓸모없는 | □ of course | □ of no use |
| 8 | ~이 많이 있다 | □ abound in | □ run out of |
| 9 | 길을 잃다 | □ get to | □ get[be] lost |
| 10 | ~로 만들어지다 | □ be made of | □ be free from |
| 11 | ~로 만들어 지다 | □ consist in | □ be made from |
| 12 | ① ~에 달려있는 ② ~까지 | □ up to | □ in front of |
| 13 | ① 닳아 지게 하다<br>② 지치게 하다 | □ wear out | □ put out |
| 14 | 거의 | □ all but | □ anything but |
| 15 | ~이 결코 아닌 | □ anything but | □ nothing but |

# 마이 리틀 테스트

10회 (37 ~40 day)

# 마이 리틀 테스트 10회 (37 ~40 day)

1. 알맞은 우리말과 연결하세요.

| | |
|---|---|
| **tend to** • | • 전화를 끊다 |
| **major in** • | • ~하는 경향이 있다 |
| **hang up** • | • ~로 변하다 |
| **fall behind** • | • ~을 전공하다 |
| **turn into** • | • 뒤떨어지다 |
| **on earth** • | • 그래서, 그 결과 |
| **in case of** • | • 거의 |
| **so that** • | • 도대체 |
| **all but** • | • ~의 경우에 |
| **anything but** • | • ~이 결코 아닌 |

2. 다음 빈칸에 알맞은 말을 〈보기〉에서 골라 적절히 고쳐 쓰세요.

**be occupied with / be dedicated to / get lost / look up to / be made of / be made from**

① 와인은 포도로 만들어졌다.

Wine ________________ grape.

② 우리의 모든 가구는 나무로 만들어졌다.

All our furniture ________________ wood.

③ 그들은 사막에서 길을 잃고 굶어 죽었다.

They ______________ in the desert and starved to death.

④ 그 의사는 환자들을 낫게 하는데 헌신합니다.

The doctor ____________ curing the sick.

⑤ 그녀는 공부하느라 바쁘다.

She ________________ studying.

3. 다음 문장과 의미가 다른 것을 고르시오.

It beats me.

① I have no idea.

② God only knows.

③ It's all Greek to me.

④ It's a piece of cake.

4. 다음 빈칸에 알맞은 전치사를 고르시오.

These English words derive _____ Greek. 이 영어 단어들은 그리스어에서 유래된 것이다.

① from ② to

③ at ④ 전치사 필요 없음

5. 다음 빈칸에 알맞은 보기를 고르시오.

Cars are supposed to yield _____ pedestrians. 차들이 당연히 보행자에게 양보해야한다.

① from ② to

③ at ④ 전치사 필요 없음

6. 다음 빈칸에 알맞은 보기를 고르시오.

Investments yield _____ a profit.

투자는 이윤을 산출한다[낳는다].

① from ② to

③ at ④ 전치사 필요 없음

7. 다음 문장에서 gave way to 의 의미로 알맞은 것을 고르시오

He never gave way to temptation.

① 양보했다, 굴복했다 ② 바뀌었다, 대체되었다
③ 끝냈다, 완수했다 ④ 처분했다, 없앴다

9. 다음 문장에서 gave way to 의 의미로 알맞은 것을 고르시오.

Walkman gave way to MP3.

① 양보했다, 굴복했다 ② 바뀌었다, 대체되었다
③ 끝냈다, 완수했다 ④ 처분했다, 없앴다

10. 다음 문장에서 tied up 의 의미로 알맞은 것을 고르시오.

Protestors tied up traffic for five hours.

① 끈을 묶었다
② 몹시 바빴다
③ 방해했다
④ 동의했다

11. 다음 빈칸에 알맞은 보기를 고르시오.

The child prefers his imaginary world _______ reality.
그 아이는 현실보다 상상의 세계를 더 좋아한다.

① from ② to
③ at ④ 전치사 필요 없음

12. 다음 문장에서 밑줄 친 of no use 의 동의어를 고르시오.

What I had been studying turned out to be of no use to me.

① significant ② important
③ useful ④ useless

13. 다음 문장에서 밑줄 친 kick off 의 동의어를 고르시오.

What time do the fireworks kick off?

① start ② finish ③ vomit
④ spoil ⑤ abandon

14. 다음 문장에서 밑줄 친 screw up 의 동의어를 고르시오.

I promise, this time I will not screw up.

① start ② finish ③ vomit
④ spoil ⑤ abandon

15. 다음 문장에서 밑줄 친 throw up 의 동의어를 고르시오.

The smell was so terrible. I feel like I might throw up.

① start ② finish ③ vomit
④ spoil ⑤ abandon

# 마이 리틀 테스트

# 정답

# ? 마이 리틀 테스트 정답

[ 마이 리틀 테스트 1회 정답 ]

1. **be good at** ~에 능숙하다, 잘하다
   **be poor at** ~에 서툴다
   **get along with** ~와 잘 지내다
   **take part in** ~에 참여하다
   **look good on** ~에게 잘 어울리다
   **stand out** 눈에 띄다, 두드러져 보이다
   **look after** 돌보다
   **look into** 조사하다
   **get rid of** 없애다, 제거하다
   **give a hand** 도움을 주다
2. ① **look down on**
   ② **get along with**
   ③ **take care of**
   ④ **look up to**
   ⑤ **asked for**
   ⑥ **am afraid of**
3. ③
4. ②
5. ①
6. ③
7. ③
8. ④
9. ③
10. ②
11. ③
12. ①
13. ①
14. ④

[ 마이 리틀 테스트 2회 정답 ]

1. **mess up** 지저분하게 하다
   **dress up** 잘 차려입다
   **give up** 포기하다
   **pass away** 돌아가시다[죽다]
   **think over** 숙고하다
   **look like** ~처럼 보이다
   **be proud of** ~을 자랑스럽게 여기다
   **put together** 모으다, 합치다, 조립하다
   **wait for** 기다리다
   **make friends with** ~와 친해지다
2. ① **set up**
   ② **messed up**
   ③ **are about to**
   ④ **is absorbed in**
   ⑤ **listen to**
   ⑥ **sound like**
3. ②
4. ①
5. ②
6. ③
7. ②
8. ④
9. ①
10. ①
11. ④
12. ③
13. ②
14. ②

## [ 마이 리틀 테스트 3회 정답 ]

1. **have fun** 재미있게 놀다

   **make fun of** ~을 놀리다

   **be worried about** ~에 대해 걱정하다

   **bump into** 우연히 만나다

   **belong to** ~에 속하다

   **write down** ~을 적다

   **throw away** 내던지다, 버리다

   **come along** 함께 가다[오다], 동행하다

   **be surprised at** ~에 놀라다

   **eat out** 외식하다

2. ① **decided to**
   ② **am ready to**
   ③ **is popular with**
   ④ **Doing the laundry**
   ⑤ **do my homework**
   ⑥ **do my best**

3. ③
4. ③
5. ②
6. ②
7. ②
8. ④
9. ④
10. ④
11. ③
12. ②
13. ①
14. ②
15. ②

## [ 마이 리틀 테스트 4회 정답 ]

1. **pay back** 갚다, 보복하다

   **had better** ~하는 게 낫다

   **take a walk** 산책하다

   **take a rest** 쉬다

   **dwell in** ~에 살다

   **come true** 실현되다

   **go away** 가버리다, 떠나다

   **run after** 뒤쫓다

   **catch a cold** 감기에 걸리다

   **cheer up** 기운을 북돋우다

2. ① **happens to**
   ② **am happy with**
   ③ **am tired from**
   ④ **am tired of**
   ⑤ **said to myself**
   ⑥ **goes by**

3. ③
4. ②
5. ②
6. ②
7. ④
8. ②
9. ③
10. ④
11. ④
12. ②
13. ③
14. ④

# 마이 리틀 테스트 정답

[ 마이 리틀 테스트 5회 정답 ]

1. **stand for** 나타내다
   **take place** 일어나다
   **cut out** 잘라내다
   **see a doctor** 진찰을 받다
   **get worse** 더 나빠지다
   **give away** 공짜로 주다 , 기부하다
   **give up** 포기하다
   **give back** 되돌려주다
   **cut in line** 새치기하다
   **go abroad** 외국에 가다
2. ① **went on**
   ② **broke down**
   ③ **broke out**
   ④ **get better**
   ⑤ **gave back**
   ⑥ **draw up**
3. ②
4. ④
5. ①
6. ②
7. ③
8. ④
9. ①
10. ③
11. ③
12. ③
13. ①
14. ②
15. ③

[ 마이 리틀 테스트 6회 정답 ]

1. **call off** 취소하다
   **settle in** 정착하다
   **settle down** 진정하다
   **take advantage of** 이용하다
   **long for** 간절히 바라다
   **before long** 머지않아, 곧
   **for sure** 틀림없이, 확실히
   **in advance** 미리
   **in addition** 게다가
   **out of the blue** 갑자기
2. ① **is free from**
   ② **called out**
   ③ **went wrong**
   ④ **put up with**
   ⑤ **wonder about**
3. ①
4. ②
5. ③
6. ①
7. ④
8. ③
9. ①
10. ①
11. ③
12. ④
13. ②
14. ④

[ 마이 리틀 테스트 7회 정답 ]

1. **bring up** 양육하다

**carry out** 실행하다

**catch up with** 따라잡다

**turn out** ~로 판명되다

**look back on** 회상하다

**due to** ~때문에

**out of breath** 숨이 가쁜 , 숨이 찬

**for good** 영원히

**in need** 어려움에 처한

**in vain** 헛되이, 보람 없이

2. ① **brought about**
② **fill out**
③ **am content with**
④ **contributed to**
⑤ **headed for**

3. ④
4. ④
5. ④
6. ③
7. ④
8. ③
9. ②
10. ④
11. ②
12. ③
13. ④
14. ④

[ 마이 리틀 테스트 8회 정답 ]

1. **account for** ~에 대해 설명하다

**run away** 도망치다, 달아나다

**idle away** 빈둥거리다

**enter into** ~을 시작하다

**take a rest** 쉬다

**as a result** 결과적으로

**out of order** 고장 난

**in particular** 특히, 특별히

**up to date** 최신식의

**out of date** 시대에 뒤 떨어진, 구식의

2. ① **is associated with**
② **keep your head**
③ **can afford to**
④ **adapt to**
⑤ **make out**

3. ④
4. ③
5. ④
6. ③
7. ②
8. ③
9. ④
10. ②
11. ①
12. ③
13. ④
14. ④
15. ③

# 마이 리틀 테스트 정답

[ 마이 리틀 테스트 9회 정답 ]

1. agree with 동의하다
   carry on 계속하다
   dispense with ~없이 지내다
   cope with 대처하다
   drop out 중퇴하다
   a kind of 일종의, 비슷한
   in many ways 여러 가지 면에서
   of course 물론
   at any time 아무 때라도
   with a sigh 한숨을 쉬며

2. ① enjoy yourself
   ② made up
   ③ broke up
   ④ apply for
   ⑤ broke in

3. ②
4. ①
5. ③
6. ③
7. ①
8. ①
9. ②
10. ③
11. ④
12. ④
13. ④
14. ③
15. ②

[ 마이 리틀 테스트 10회 정답 ]

1. tend to V ~하는 경향이 있다
   major in ~을 전공하다
   hang up 전화를 끊다
   fall behind 뒤떨어지다
   turn into ~로 변하다
   on earth 도대체
   in case of ~의 경우에
   so that 그래서, 그 결과
   all but 거의
   anything but ~이 결코 아닌

2. ① is made from
   ② is made of
   ③ got lost
   ④ is dedicated to
   ⑤ was occupied with

3. ④
4. ①
5. ②
6. ④
7. ①
8. ②
9. ③
10. ②
11. ④
12. ①
13. ④
14. ③

# 영단어 고민 해결사 <MD Voca> 4단시리즈

## MD 중학 영단어

문덕/김형탁 공저 / 416면/
14,000원

- **기적의 WCS학습법**
  단어(word) → 짝 짓기(coupling) → 문장(sentence)
- **상상을 현실로 만든 cross-day시스템**
  중학〈최중요 400〉어휘를 자동 반복 시스템으로 100% 구현!
  1일차의 모든 단어가 2일차 예문에 등장하는
  기적의 자동 복습 장치!

## MD 중학 영단어(실력편)

문덕/김형탁 공저 / 352면/
13,000원

- **엄선된 List !**
  까다로운 중학수준 영단어와 고교 수준 최 빈출 영단어 900여개 수록
- **선명한 의미와 예문**
- **특효약과 같은 Tip 풍선**
  - 가장 많이 쓰이는 접두사(prefix), 어근(root), 접미사(suffix)들이 포함된 어휘와 그 어원에 대한 설명과 함께 추가적인 어휘들을 제시
  - 중요 단어의 동의어나 유의어들을 제시
- **풍부하고 효율적인 복습 Test**

## MD VOCA 수능

MD영어연구소 문덕/김형탁 지음 /
본권 474면,부록 134면/
17,000원

- **MD 영어 연구소가 선보이는 WCS학습법의 신기원**
  단어(word) → 짝 짓기(coupling) → 문장(sentence)
- **암기 효율 끝판왕**
  어원&테마별 어휘학습의 완벽한 유기적 구성
- **다의어 문제 완벽해결**

## MD VOCA 33000

문덕 지음 / 본권 624면, 실력팩
400면/ 32,000원

- **일본, 중국, 대만에도 수출되는 대한민국대표어휘집!**
- **TOEFL,TOEIC, TEPS, SAT, GRE, GMAT, 편입, 고시, 공무원**
- **최장기 어휘 베스트셀러 MD 최신개정판!!**
- **기본에서 최고급어휘까지 수록**
- **세계 최초 기적의 동의어보감 수록**

e4u 동영상 강의중 | 저자직강
www.ybmsisa.com

MEMO

MEMO